한국유아교육학회
유 아 교 육
디딤돌시리즈
5

미래사회의 핵심역량

유아의 사회적 능력

이현경 김우영 홍지명 조홍자 지음

양서원

「유아교육 디딤돌 시리즈」를 출간하며

사단법인 한국유아교육학회는 1975년 우리나라 유아교육분야에서 최초로 창립된 학회로 유아교육학의 학문적 연구와 현장교육의 발전을 위해 중요한 역할을 수행해 왔습니다. 한국유아교육학회는 창립 이후 지금까지 정기적인 국내외 학술대회 개최와 국내 및 국제학회지 발간을 통해 회원들 간의 학술적 교류와 소통에 힘쓰고 있습니다. 유아교육의 학문적 정체성 정립을 위해 1995년부터 5년 단위로 '유아교육백서'를 발간해 왔으며, 1996년에는 유아교육학 분야 용어의 학술적 정의를 규정하는 '유아교육 용어사전'을 발간한 바 있습니다. 특히 한국유아교육학회가 그동안 지속적으로 발간해왔던 '유아교육백서'는 우리나라 유아교육분야의 기초 동향은 물론 교육과정과 교사교육, 유아교육재정과 행정, 법률 등의 내용과 그 의미를 분석함으로써 유아교육학 분야의 연구를 위한 중요한 자료가 될 뿐 아니라 정책수립의 기초가 되었습니다. 그러나 최근에는 유아교육학 분야와 관련된 통계나 기초자료에 대한 데이터 베이스의 구축으로 인해 그동안 저희 학회가 발간해 왔던 유아교육백서의 내용과 형식에도 변화가 필요하게 되었습니다.

이에 한국유아교육학회는 그동안 출판해왔던 '유아교육백서'의 내용을 다양화하여 유아교육학 분야에서 중요한 개념이나 현상 또는 과제와 관련된 학문적 탐구를 심화시키면서도 현장 실제와의 연계방안을 제시하고자 합니다. 또한 형식적인 면에서도 여러 주제를 하나의 단행본에 담았던 것에서 나아가 주제별로 심화된 전문서적인 '유아교육 디딤돌 시리즈'로 출판하고자 합니다. 유아교육학의 기초가 되는 주요 개념이나 용어에 대한 기본적이면서도 학술적인 탐색이므로 이 서적의 내용이 바로 유아교육학 이해의 기초가 되며, 디딤돌이 된다는 의미에서 '유아교육 디딤돌 시리즈'로 이름 짓게 되었습니다. 앞으로 한국유아교육학회에서 유아교육 디딤돌 시리즈로 출판하고자 하는 주제는 수없이 많습니다. 부모, 기질, 상호작용, 상상놀이, 민감성, 문제행동, 교사, 유아중심, 우리 전통문화 등과 같은 주제는 우리 학문분야에서 중요하고 익숙하면서도 정리가 필요한 개념이기도 하고, 현장 교육 실제와의 연계가 필요한 것이기도 합니다.

이와 같은 작업의 일환으로 한국유아교육학회는 '미래사회의 핵심역량-유아의 사회적 능력'을 출판하게 되었습니다. 이 책은 유아를 둘러싼 여러 관계에서 시작하여 자신과 타인의 마음을 읽고 소통하는 것, 미래사회의 생존능력으로서의 사회적 능력에 대한 이해를 담고 있습니다. 이번 디딤돌 시리즈를 집필하며 저자(이현경, 김우영, 홍지명, 조홍자)들은 주제 연구와 원고작성, 토론의 과정을 반복하며 의미 있는 결과물을 만들어내기 위해 무수한 숙고의 과정을 거쳤습니다.

온전하게 한 주제에 천착한 연구물을 모은 '유아교육 디딤돌 시리즈'는 유아교육학 분야의 연구자와 후학들에게 많은 도움을 줄 수 있을 것으로 기대합니다. 대학이나 대학원에서 공부하는 후학들에게는 물론 많은 연구자나 현장 전문가들에게도 도움을 줄 것으로 기대합니다. 이후에도 학회에서는 학회 회원 여러분들에게 과제 공모절차를 통해 계속해서 많은 주제를 발굴하고 논의를 심화시켜 디딤돌 시리즈를 지속적으로 출판할 것입니다. 마지막으로 이 책 시리즈를 기획하는 과정에서 노고를 아끼지 않았던 사단법인 한국유아교육학회 기획부의 노고에 감사드립니다. 아울러 한국유아교육학회의 연구물 발행을 위해 모든 노력을 아끼지 않고 도움을 주신 박철용 회장님과 양서원에도 감사드립니다.

2020년 봄
22대 사단법인 한국유아교육학회
회장 김 경 철

차 례

CHAPTER 3

소통의 기술

CHAPTER 4

사회적 능력과 좋은 삶

머리말

'흥부와 놀부'는 오늘날까지 지속적으로 전해지면서 재해석되고 있는 주제 중 하나이다. 유아교육현장에서는 후속이야기까지 연결되고 유아의 생각으로 재구성되기도 한다. 즉, 기존의 콘텐츠를 기반으로 현대 사회에 맞추어 변화된 시각으로 재음미되어 재생산되고 있다. 오늘날의 사회는 이전과 같을 수 없으며 끊임없이 변화하고 있다. 그러나 변치 않는 사실은 물고기에게 있어 물은 환경이며 생존 조건이고, 인간에게 있어는 사회가 환경이며 생존의 기본 조건이라는 것이다. 인류는 광(光)속으로 발전하고 있으며 이에 따라 사회는 생존의 기본 조건을 넘어 진화된 사회적 능력을 요구해오고 있다. 4차 산업혁명시대 교육혁신의 중점은 '인간 본연의 가치'를 발휘하며 새로운 사회환경에 창의적으로 적응 가능한 인재를 양성하는 것에 있다. 따라서 미래사회는 협동의 창의성이 핵심역량이 되고 인간이 가진 고유의 사회적 능력 함양과 발휘가 그 어느 때보다 강조된다.

사회적 능력은 '사회환경과 효과적으로 상호작용하거나 혹은 사회문제에 대한 해결 전략을 개발하고 이용할 수 있는 능력'으로 정의되며 유아기는 사회적 능력 형성의 결정적 시기이다. 이에 본 연구진은 4차 산업혁명이라는 급속한 변화의 시기를 맞이한 현재 시점에서, 그동안 유아교육현장과 학계에서 유아의 사회적 능력과 관련하여 실천 · 연구되어 온 과정을 검토하고 향후 미래교육현장에서 유아의 사회적 능력 함양을 위해 나아갈 구체적인 방향에 대해 모색해보고자 하였다.

사회적 능력 바라보기

사회적 능력에 대한 정의는 지난 시대 동안 각 사회의 가치, 문화, 맥락 등에 따라 그리고 사회적 행동의 특성, 범위, 연구방법 등의 차이에 따라 다양한 방식으로 이루어졌다(신은미, 2001; 문대근, 2009; 이혜진, 2011). 포드(Ford, 1982)는 인간이 환경과 상호작용하는 능력으로 적절한 기술을 사용하여 목표를 달성하고 나아가 궁극적으로 발달할 수 있는 능력으로 정의하고 있으며 머렐(Merell, 1993)은 개인의 사회적 수행에 대한 전반적인 질을 판단하고 반영하는 평가적인 측면의 용어로 사용하기도 했다. 한편 오말리(O'Malley, 1977)는 사회적 능력을 동물행동학적 접근, 인성구조론적 접근, 사회적 상호작용론적 접근으로 구분한 바 있다.

첫째, 동물행동학적 접근에서 사회적 능력은 생존을 위해서 상황에 적절한 행동을 형성해 나가는 것과 동시에 환경에 적응하기 위해, 사회적 능력을 발달시켜 나간다고 본다. 둘째, 인성구조론적 접근에서는 긍정적인 측면 및 부정적인 측면의 다양한 인성구조 중에서 긍정적인 특성이 강한 사람을 사회적 능력이 있다고 보며, 부정적인 특성이 강할 경우에는 사회적 능력이 상대적으로 없다고 본다. 셋째, 사회적 상호작용론적 접근에서는 사회적 능력을 타인과의 사회적 상호작용에서 생겨나는 대인관계의 목적을 달성하는 능력으로서 다른 사람과 효과적이고 만족스러운 상호작용을 하는 능력이라고 본다(김영옥, 김우영, 2018).

최근의 사회적 능력과 관련된 많은 연구에서는 사회적 능력을 사회적 가치 채택, 정체감 개발, 대인관계기술, 개인행동조절, 의사결정능력 등으로 광범위하게 설명하고 있으며 유아의 사회적 유능감 증진의 요소로서 사회적 지식, 태도, 기술 및 정서조절능력과 친사회적 기술, 정서조절 요인 및 자아존중감을 포함하기도 한다(이태영, 강문희, 2001; 정계숙, 2002). 또한 타인의 생각과 감정을 인식하는 능력으로 의사소통, 갈등조정, 리더십, 협력, 협동 등의 능력을 포함(김민주, 2011)하기도 하며 사회적 능력을 우정, 친사회적 기술, 대인관계 형성 및 유지, 독립적인 기술 및 성취, 학습의 접근, 사회적 역할에 대한 인식 등 통합적인 개념으로 접근하여 인간이 사회에서 기능하고 적응하기 위해 필요한 능력이라고 정의하기도 한다. 즉, 유아의 사회적 능력은 친사회적 기술이나 대인관계기술뿐 아니라 유아들의 인지, 정서, 행동적 측면의 복합적인 기술들을 고려하여 특정한 단면적인 기술로 접근하기보다는 다양한 사회적 상황과 맥락에서 나타나는 내적인 사고와 외적인 행동의 통합적인 관점으로 접근해야 한다.

이를 위해 주변의 관찰을 시작해보자. 바로 옆 젊은 학생들의 대화를 들여다보면 침묵은 금이라는 동양적인 가치에 따른 언어사용에, 논리를 중심으로 하는 서양적인 언어 및 가치가 더해져 보다 복잡한 형태의 사회적 의사소통능력을 필요로 하고 있으며 또한 새로이 창출되고 있는 것을 목격할 수 있다. 이마저도 단순한 대화를 넘어 대화를 비판적으로 바라보면서 협력적으로 소통하는 모습 또한 관찰할 수 있다. 이처럼 사회적 능력은 모든 상황에 걸쳐 방대하게 자리매김하고 있어 본 연구자들이 뚜렷하게 제시하기에는 무리가 있었다. 이에 본 연구자들은 사회적 능력의 본질에 더한 효과적인 탐색을 위해 네트워크분석방법을 통해 키워드를 산출하였으며, 토픽모델링 분석을 통해 대표적인 토픽들을 도출하였다. 이를 기준으로 사회적 능력에 관련된 의미들을 되짚어보고자 하였다.

사회적 능력 분석하기

아래는 '사회적 능력' 관련 연구로 선정된 315편의 논문 제목에서 키워드 정제작업을 통해 추출한 유의미한 키워드 총 102개이다. 다음 그림 1 은 102개 키워드에 대한 워드 클라우드 결과이다. 워드 클라우드에서는 키워드의 크기가 출현 빈도에 비례해서 표현된다. 아래 그림 1 에서 볼 수 있듯이 유아교육기관, 친사회적 행동, 프로그램, 관계, 어머니, 교사, 사회적 유능감 등의 단어가 다른 단어에 비해 상대적으로 크게 나타남을 볼 수 있다.

이를 좀 더 자세히 살펴보기 위해 102개 키워드의 출현 빈도

그림 1
유아 사회적 능력 워드 클라우드 결과 출현 빈도

를 제시하면 다음 표 1 과 같다. 표 1 에서 살펴보면, 유아의 사회적 능력과 관련하여 출현빈도가 높은 키워드는 '친사회적 행동', '관계', '어머니', '유아교육기관' 등이다. 단어구름에서 크게 표시된 핵심어들은 유아교육분야에서 이루어진 '사회적 능력' 주제 논문에서 자주 탐색되고 연구되어 온 요인이라 할 수 있다.

표 1 유아 사회적 능력 논문 키워드 출현빈도

순위	키워드	출현빈도	순위	키워드	출현빈도
1	친사회적 행동	412	52	과정	51
2	관계	380	53	평가	50
3	어머니	363	54	공감	50
4	유아교육기관	313	55	통합	49
5	프로그램	299	56	자아존중감	49
6	사회	270	57	행복	48
7	사회적 유능감	258	58	현장	47
8	교사	224	59	공감능력	46
9	유아교육	215	60	인지	45
10	긍정	182	61	역할	45
11	행동	170	62	학급	44
12	사회적 상호작용	165	63	이해	44
13	정서	161	64	양육	44
14	놀이	134	65	환경	43
15	향상	133	66	자기조절력	42
16	사회적 기술	106	67	감정	42
17	발달	104	68	협동	41
18	부모	98	69	이야기	41
19	개발	98	70	경험	41
20	중재	95	71	3세	41
21	정서지능	95	72	표현	40
22	예측	95	73	형성	38
23	자녀	88	74	도움	37
24	또래	87	75	타인	36
25	여아	84	76	유아기	36
26	사회적 행동	82	77	가족	36
27	양육태도	80	78	지역	35
28	남아	79	79	주제	35
29	연령	77	80	리더십	35

순위	키워드	출현빈도	순위	키워드	출현빈도
30	양육효능감	75	81	또래관계	34
31	정서조절	74	82	관찰	34
32	기질	74	83	가정	34
33	그림책	68	84	전통놀이	33
34	생활	65	85	유아의 자아존중감	33
35	기초	65	86	상황	33
36	놀이성	64	87	또래유능성	33
37	사회성	63	88	탐색	32
38	적응	61	89	창의성	32
39	변화	61	90	의사소통	32
40	성별	60	91	동화	32
41	영역	58	92	단계	32
42	문화	58	93	논의	32
43	언어	55	94	친사회성	31
44	기술	54	95	특성	30
45	교수	54	96	태도	30
46	언어능력	53	97	지각	30
47	자기조절능력	52	98	양육스트레스	30
48	학습	51	99	애착	30
49	의미	51	100	수용	30
50	아버지	51	101	기초선	30
51	문제행동	51	102	교사효능감	30

다음 그림 2 와 표 2 는 유아 사회적 능력 키워드 네트워크 형성 및 중심성 분석을 살펴본 결과이다. 키워드 네트워크 형성은 “얼마나 같은 논문에 등장했는지”를 알아보면서 키워드의 유사성을 측정하고 이를 바탕으로 네트워크 구조를 도출하는 방식이다. 그림 2 는 사회적 능력 키워드의 Spring Map이다. 이는 앞서 살펴본 워드 클라우드에 등장한 키워드들이 서로 어떠한 네트워크를 형성하고 있는지 파악할 수 있다. 사회적 능력은 사회적 기술, 관계, 부, 사회적 행동, 자기조절력, 유아기, 행복, 학습, 기술 등과 서로 연결되어 있다. 네트워크가 서로 연결되어 있다는 것은 함께 연구된 주제라는 뜻이다.

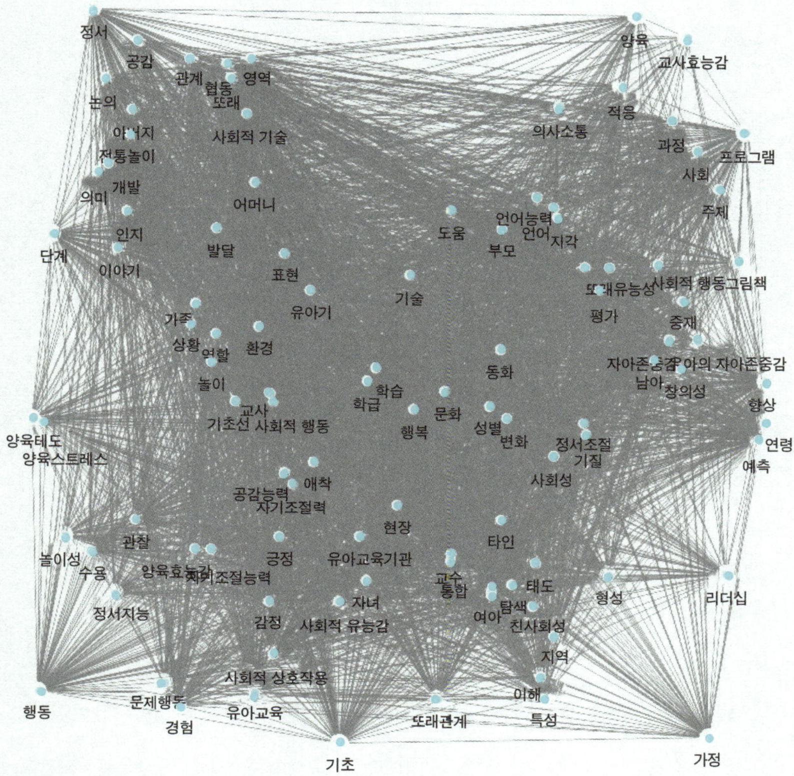

그림 2
사회적 능력 키워드 Spring Map

그림 2 는 그 중에서도 키워드의 출현 빈도수가 가장 높았던 '친사회적 행동'이 어떤 키워드와 연결되어 있는지 나타낸 것이다. 그림 2 를 살펴보면 '친사회적 행동'은 사회적 기술, 사회적 행동, 자기조절력, 행복, 공감 등 다양한 키워드와 함께 연구되었음을 알 수 있다.

네트워크는 파워(영향력)가 본질적으로 관계적 특성을 갖고 있다는 것을 강조한다(곽기영, 2014). 네트워크 분석 관점에서 봤을 때 네트워크 구조 속에서 키워드가 차지하는 위치가 키워드의 영향력을 결정짓는 것이다. 영향력을 행사할 수 있는 유리한 위치에 대한 연결 정도, 근접, 매개 관점을 네트워크 분석에서는 중심성 개념으로 설명한다. 본 연구에서는 '연결중심성'과 '매개중심성' 개념으로 사회적 능력 논문의 키워드 네트워크 구조를 분석하였다. 연결중심성 분석을 통해 '사회적 능력' 연구가 어떠한 키워드를 중심으로 많이 이루어졌는지 파악할 수 있다. 또한 매개중심성 분석을 통해 사회적 능력에서 어떤 주제가 영향력이 있는지 알아볼 수 있다.

표 2 에서 알 수 있듯이, 연결중심성이 높은 핵심어는 유아교육기관, 프로그램, 교사, 유아교육, 사회, 발달, 긍정, 관계, 기초 등으로, 315편의 연구를 통틀어 활발하게 사용된 요인이었음을 의미한다. 즉, 유아를 대상으로 사회적 능력 관련 연구에서는 유아교육기관, 프로그램, 유아교육과 같은 교육기관이나 프로그램과 같은 연구가 이루어졌음을 보여주며, 관계, 발달, 긍정과 같은 핵심어에 관심을 갖고 연구해 왔던 주제라고 말할 수 있다. 또한 매개중심성이 높은 핵심어는 유아교육기관, 프로그램, 교사, 유아교육, 사회, 발달, 긍정 등이다. 매개중심성은 한 핵심어와 다른 핵심어들 사이를 매개해 주는 역할을 하므로 이와 같은 핵심어가 사회적 능력과 관련된 여러 요인들과 연관성이 높다고 인식하는 것으로 해석할 수 있다.

'연결중심성 측정값'이 가장 큰 키워드는 '유아교육기관'이다. 이는 '유아교육기관'과 직접 연결된 키워드가 가장 많다는 뜻으로 사회적 능력 논문에서 유아교육기관을 중심으로 다양한 연구가 이루어져왔음을 의미한다. 또한 유아교육기관은 '매개중심성 측정값'도 가장 크다. 이는 '유아교육기관'이 서로 다른 다양한 연구 주제를 통합하거나 확장시킬 수 있는 영향력이 큰 키워드라는 의미이다.

표 2 사회적 능력 관련 키워드의 중심성 측정값

순위	키워드	Degree Centrality	Betweenness Centrality
1	유아교육기관	1	0.00667
2	프로그램	0.990099	0.006338
3	교사	0.990099	0.006167
4	유아교육	0.980198	0.00614
5	사회	0.980198	0.005958
6	발달	0.980198	0.005868
7	긍정	0.980198	0.005802
8	관계	0.980198	0.005788
9	기초	0.970297	0.005732
10	향상	0.960396	0.005399
11	어머니	0.950495	0.00515
12	사회적 상호작용	0.950495	0.005057
13	행동	0.940594	0.005039
14	친사회적 행동	0.940594	0.00465
15	정서	0.940594	0.004587
16	개발	0.930693	0.004551
17	영역	0.920792	0.004438
18	또래	0.910891	0.004375
19	현장	0.891089	0.00432
20	사회적 유능감	0.891089	0.004298
21	놀이	0.891089	0.004239
22	남아	0.891089	0.004221
23	지역	0.881188	0.004055
24	자녀	0.881188	0.004027
25	예측	0.881188	0.003978
26	여아	0.881188	0.00385
27	부모	0.881188	0.003773

순위	키워드	Degree Centrality	Betweenness Centrality
28	기술	0.881188	0.003768
29	평가	0.871287	0.003732
30	이해	0.871287	0.003675
31	역할	0.871287	0.003654
32	생활	0.871287	0.003338
33	단계	0.861386	0.003279
34	과정	0.861386	0.003236
35	표현	0.851485	0.003214
36	의미	0.851485	0.003213
37	감정	0.851485	0.00308
38	연령	0.841584	0.002942
39	논의	0.841584	0.002926
40	사회적 기술	0.831683	0.002795
41	도움	0.821782	0.002691
42	경험	0.821782	0.002632
43	학습	0.811881	0.002594
44	유아기	0.811881	0.002539
45	언어	0.811881	0.002455
46	사회성	0.811881	0.002429
47	성별	0.80198	0.002421
48	형성	0.792079	0.002347
49	적응	0.792079	0.002326
50	또래관계	0.792079	0.002298
51	3세	0.792079	0.002286
52	환경	0.782178	0.002281
53	교수	0.782178	0.002255
54	관찰	0.782178	0.002213
55	특성	0.762376	0.00202
56	탐색	0.752475	0.001936
57	주제	0.752475	0.001869
58	상황	0.752475	0.001801
59	통합	0.742574	0.001756
60	중재	0.742574	0.001721
61	수용	0.742574	0.00171
62	변화	0.742574	0.001709
63	가정	0.732673	0.001686
64	타인	0.722772	0.001528
65	사회적 행동	0.722772	0.001467
66	협동	0.70297	0.001453
67	인지	0.70297	0.001429
68	문화	0.70297	0.001386
69	학급	0.693069	0.001363
70	태도	0.693069	0.001337
71	공감	0.663366	0.001223

순위	키워드	Degree Centrality	Betweenness Centrality
72	이야기	0.653465	0.00121
73	정서조절	0.643564	0.001172
74	친사회성	0.633663	0.001163
75	양육태도	0.633663	0.001147
76	양육	0.633663	0.001133
77	의사소통	0.623762	0.001034
78	언어능력	0.623762	0.000999
79	문제행동	0.623762	0.000965
80	자기조절능력	0.594059	0.000949
81	기질	0.594059	0.000844
82	가족	0.584158	0.000816
83	자아존중감	0.574257	0.000814
84	아버지	0.574257	0.00077
85	정서지능	0.554455	0.00069
86	공감능력	0.554455	0.000668
87	동화	0.544554	0.000636
88	리더십	0.534653	0.000626
89	유아의 자아존중감	0.514851	0.000569
90	애착	0.50495	0.000553
91	양육효능감	0.485149	0.000404
92	지각	0.475248	0.000402
93	그림책	0.475248	0.000358
94	창의성	0.465347	0.000345
95	기초선	0.465347	0.000326
96	자기조절력	0.425743	0.000257
97	행복	0.39604	0.000237
98	또래유능성	0.386139	0.000224
99	놀이성	0.386139	0.000203
100	교사효능감	0.356436	0.00016
101	전통놀이	0.346535	0.00014
102	양육스트레스	0.336634	0.000117

문서 속 말뭉치에서 주제들을 확률적으로 추출하는 텍스트 마이닝 방법의 하나인 토픽모델링 분석(Beli, 2003) 결과는 다음 표 3 과 같다.

표 3 토픽 대표 내용으로 토픽 이름 정하기

	핵심 키워드	소주제	대주제
1	사회적 기술, 관계, 언어능력, 적응, 사회성	사회성, 언어능력	소통의 기술
2	행동, 중재, 사회적 상호작용, 통합, 문제행동	사회적 상호작용, 사회적 힘, 문제행동, 중재	행복
3	기질, 어머니, 관계, 공감능력, 애착	양육역량, 공감능력, 관계	관계
4	친사회적 행동, 프로그램, 자아존중감, 긍정, 향상	사회적 역량, 긍정적 자아, 자아존중감, 긍정	마음 읽기
5	정서, 사회적 유능감, 관계, 교사, 공감	사회적 유능감, 정서, 공감적 이해	마음 읽기
6	사회적 유능감, 행복, 자아존중감, 긍정, 사회적 상호작용	사회적 유능감, 행복, 자아존중감, 긍정적 정서	행복
7	향상, 자기조절능력, 문화, 긍정, 사회	자기조절능력, 긍정적 수용	마음 읽기
8	어머니, 양육태도, 관계, 정서지능, 교사	어머니와의 관계, 교사와의 관계	관계
9	친사회적 행동, 관계, 정서지능, 교사, 의사소통	친사회적 행동, 사회적 상호작용, 정서 표현, 의사소통	소통의 기술
10	놀이, 사회적 상호작용, 유아교육기관, 또래, 변화	또래관계, 놀이행동	관계

토픽모델링 기법 중 벨리 등(Beli et al., 2003)의 잠재 디리클레 할당(Latent Dirichlet Allocation, LDA) 알고리즘을 통해 주제별 단어 수 분포를 기반으로 주어진 문서에서의 기 단어수를 분석하여 해당 문서가 어떤 주제들을 함께 다루고 있는지를 예측해 보았다. 깁스 샘플링을 3,000회 시행하고 사회적 능력에 등장한 핵심 키워드로부터 토픽들의 특징을 파악했다. 또한 토픽모델링 결과 분석에 있어 토픽 선정 시 도출된 핵심 키워드 중 서로 연관성 있는 의미들을 포함하고 있다고 생각되는 단어들을 중심으로 연구자들 간의 토의과정을 거쳐 공통으로 합의되는 토픽을 추출함으로써 주관성의 여지를 최소화하고자 하였다. 그 결과 사회적 능력에 대해 4개의 대주제 관계, 마음 읽기, 소통의 기술, 행복이 추출되었다.

이 책의 방향

위 분석을 근거로 본 연구자들은 방대한 사회적 능력의 논제들을 토픽모델링 분석 결과의 4개 대주제 관계, 마음 읽기, 소통의 기술, 행복을 중심으로 사회적 능력에 대한 접근을 시작하였다.

첫 번째 주제로 선정한 〈관계의 시작〉에서는 사회적 능력의 기본 단위라 할 수 있는 나, 가족, 또래와 사회에 대해 최초의 인류를 시작으로 사회적 능력의 주체와 그들의 특징을 일부 살펴보았다. 특히 유아가 타고나는 사회적 능력들을 되짚어보면서, 유전과 환경의 영향을 살펴보는 가운데 양육자와 교사라는 환경의 비중이 유전적 비중보다 큼을 뇌 과학적 측면에서 조명해보고자 하였다.

제2장 〈마음 읽기〉에서는 사회적 능력과 관련된 개인적 요인들을 탐색하고자 하였다. 먼저, 유아의 사회적 능력에 필요한 요인 중 중요하게 강조되고 있는 공감능력에 대해 살펴보았다. 또한 자신과 타인에 대한 이해와 사회적 능력의 연관성에 대해, 그리고 원만한 사회적 관계를 발휘할 수 있도록 자기중심성에서 벗어나 타인의 입장, 감정, 의도 등을 추론할 수 있는 조망수용능력에 대해 살펴보았다. 이를 통해 유아들이 다른 사람과의 관계 속에서 사회적 능력을 충분히 갖출 수 있기 위해 공감, 이해와 수용능력이 왜 중요한지를 되짚어 보면서 그 의미를 생각해 보았다.

제3장 〈소통의 기술〉에서는 유아가 사회구성원으로서 안정적으로 성장해 나가는 데 필요한 사회적 능력이 외현적인 행동으로 표현되는 사회적 기술에 대해서 다루었다. 유아가 다양한 사람과 환경 속에서 관계를 맺고 그 관계를 유지하기 위해서는 자신의 사회성이 상대방에게 적극적으로 전해지는 기술이 중요하다. 따라서 다양한 사회적 기술들의 기초가 되며 함께 사용되는 의사소통기술에 대해서 이야기해 보고자 하였다.

제4장 〈사회적 능력과 좋은 삶〉에서는 진화론적 시각과 과

학적 근거에 따른 행복의 의미를 살펴보고 행복한 생존을 위한 결정적 요인인 사회적 능력의 중요성과 가치에 대해 탐색해 보았다. 그리고 유아의 사회적 능력에 문제를 가진 유아가 나타내는 행동 특성과 문제 상황, 그리고 이를 예방하거나 극복하는 데 필요한 회복탄력성에 대해 살펴보았다. 이를 통해 유아들이 사람과 '함께' 하는 즐겁고 행복한 생존을 위한 사회적 능력을 다시 한 번 강조하고 유아 사회적 능력 증진을 위한 학계와 교육계의 노력에 대해 정리해보고자 하였다.

본 연구진은 한국유아교육학회에서 발간하는 백서를 통해 이에 대한 연구를 시행함으로써 유아가 어떻게 사회라는 장(場)에서 관계를 시작하고, 상대의 마음을 읽고, 소통하는 기술을 실행에 옮기며 행복한 사회인으로 자리매김할 수 있는가에 대해 통찰을 얻는 데 작게나마 기여할 수 있기를 바란다. 그리하여 미래시민이 될 유아를 길러내는 구성원들의 전문성 향상에 도움이 되기를 기대한다.

참고문헌

김민주 (2011). 영재아동과 일반아동의 완벽주의 성향과 사회적 능력의 관계. 고려대학교 석사학위논문.

김영옥, 김우영 (2018). **유아사회교육**. 서울: 학지사.

신은미 (2001). 유아의 사회적 능력 개념에 대한 고찰. **경북논총, 5**, 329-345.

문대근 (2009). 유아의 사회적 능력 관련 변인들 간의 인과관계 구조분석. 대구가톨릭대학교 대학원 석사학위논문.

이태영, 강문희 (2001). 유아를 위한 사회적 유능감 증진 프로그램의 구성 및 효과 검증. **유아교육 연구, 21**(3), 293-324.

이혜진 (2011). 유아의 기질 및 어머니의 인성특성과 자녀의 또래관계에 대한 어머니의 개입행동이 유아의 사회적 능력에 미치는 영향. 이화여자대학교 대학원 석사학위논문.

정계숙 (2002). 교육연극을 적용한 사회적 유능성 중재 프로그램의 집단따돌림/위험아동의 사회적 유능성 증진 효과 연구. **아동학회지, 23**(4), 171-184.

Ford, M. E. (1982). Social cognitive and social competence in adolescence. *Developmental Psychology, 18,* 323-324.

O'Malley, J. M. (1977). Research perspective on social competence. *Merrill Quarterly, 23,* 29-44.

CHAPTER

1

관계의 시작

관계의

시작

여는 글

우리는 인류 역사 이래 가장 풍요롭고 발달된 시기를 살고 있다. 스마트라는 단어의 혁명은 급변하는 사회와 산업의 변천을 가져왔으며, 이는 우리의 생활은 물론 환경마저 바꿔놓았다. 산업혁명이 그랬던 것처럼 4차 산업혁명이라는 역사적인 사건의 기류에 탑승해 있다. 인류의 가치인 문화는 광(光)속으로 전달되고 새로운 문화를 만들어내면서 현재를 지나 미래사회로 들어가고 있다. 이제 사회망은 사람 간의 연결을 넘어서 사물과 환경 등 모든 것이 연결되며 공유되고 있다. 4차 산업혁명으로 대변되는 초연결(Hyper-connected society)사회에 살게 될 유아는 어떠한 삶을 살아야 하는가? 혁명(革命)으로 완성된 미래를 살아갈 유아는 급변하는 사회를 어떻게 인식하여야 하며, 대처하여야 하는가? 즉, 미래사회를 살아가야 할 유아에게 필요한 사회적 능력이란 무엇인가 파악할 필요가 있다.

이 시대의 인류를 호모 커뮤니쿠스, 호모 커넥서스라고도 한다. 현 인류가 갖추어야 할 능력들로 상대의 마음을 움직일 수 있는 능력, 사람이 중심이 되는 인문학적 소양, 각각의 조각을 조합하는 통섭력, 글로벌 인재들과 협력하는 능력 등을 이야기한다(송형권, 2019). 물론 인간은 다윈(Darwin)의 보편성, 갈톤(Galton)의 유전, 제임스(James)의 본능, 드브리스(De Vries)의 유전자, 파블로프(Pavlov)의 반사, 왓슨(Watson)의 연상, 크레펠린(Kraepelin)의 역사, 프로이트(Freud)의 형성적 경험, 보아스(Boas)의 문화, 뒤르켐(Durkheim)의 노동 분업, 피아제(Piaget)의 발달, 로렌츠(Lorenz)의 각인을 모두 결합하여야 설명 가능하며, 이 중 하나라도 없으면 인간에 대한 어떤 설명도 부실해질 것이다(Ridley, 2004).

위 질문에 대한 근본적인 해답을 찾아보고자 뇌 과학에서부터 접근을 시작하려고 한다. 본 장에서는 사회의 단위(unit)라 할 수 있는 나, 가족(양육자), 또래 및 사회와의 관계에 대해 생각해보고자 한다.

나

관계의 시작은
문을 열고
내 다리에 힘을 주어
다리를 건너는 것

'나'라는 시작: 존재와 생존

'나'라는 시작의 첫 단계는 탄생이며, 탄생은 개인과 집단에게 있어 가장 경이로운 사건이다. 하지만 다른 동물들과 달리 인간의 아기는 혼자서 생존할 수 없다. 길고 빠른 발을 가지고 있지도 않고, 무기로 쓸 만한 큰 이빨이나 발톱도 없으며, 끊임없는 양육과 돌봄의 시기가 필요하다. 인간을 동물의 한 종으로 분류할 때의 이름(학명)은 호모 사피엔스(Homo sapiens)이다. 호모 사피엔스는 큰 강 유역에 집단거주지를 세우고 문명을 시작한 단계부터 오늘날의 우주를 탐사하는 단계에 이르기까지 이런 경이로운 발전을 어떻게 이룩할 수 있었을까? 그것은 다른 사람과 소통을 하고 계획을 서우며, 난관에 봉착했을 때 이를 해결해 나가는 고도의 능력을 갖추고 있었기에 가능하였다고 말할 수 있을 것이다. 다시 말해 다른 동물과 달리 연약한 외피와 평범한 육체밖에 가지지 못한 호모 사피엔스의 무기는 '타인과 소통하여 사회를 세우는 능력'과 '문제를 해결해 나가는 능력'을 조정하는 압도적인 용량의 뇌인 것이다.

사람의 몸무게를 약 60kg이라고 한다면 이에 알맞은 뇌의 무게는 약 200g 정도이다. 하지만 실제 인간의 뇌는 1.4kg이며 이는 다른 동물들의 비율과 비례해서 약 7배 정도 큰 수치이다. 이러한 뇌화지수가 큰 동물로 고래와 침팬지를 들지만, 고래는 약 5, 침팬지가 약 3으로 사람보다 낮은 수치를 보일 뿐이다. 초기 인류는 다른 동물들과 확연하게 다른 커다란 뇌와 사회성을 가지고 있었다. 서로 협동하여 사냥도 하고, 서로를 보호하면서 생존할 수 있게 하였다. 현생 인류의 DNA 염기서열은 침팬지와 98.4%가 일치한다. 하지만 나머지 그 작은 유전적 차이가 인류를 침팬지와는 완전히 다른 정신세계와 타고난 언어능력은 물론 강력한 지능을 가지게 했다.

최초의 호모 사피엔스는 약 16만 년 전 아프리카의 사바나에서 시작한 것으로 알려져 있다. 이후 전 세계로 퍼져 나와 토착 호미니드를 밀어내고 우위를 점하였다. 인류의 조상들은 초원에서 주식을 얻었으며, 소규모의 집단을 이루어 생활하였다. 지금의 우리가 집단을 이루어 사회라는 장(場)에서 살아가는 것처럼 말이다. 인간이 속한 호모 속은 뇌가 비약적으로 커지고,

골격구조의 변화와 석기기술 및 언어와 문화가 태동하면서 사회구조가 자리 잡았을 것으로 추정된다. 한때 '나'라는 인류의 시작은 진화의 과정으로 직립보행을 하면서 뇌가 커지는 진보로 단순히 설명되었다. 하지만 어떤 네안데르탈인의 뇌는 현대인보다 더 큰 용적을 가지고 있어서, 현재 인류의 진화를 단순히 나열하기는 어렵다. 그렇지만 인류가 직립보행을 하고 자유로워진 손으로 도구를 다룰 수 있게 된 것도 결국 뇌 덕분이라고 보고 있다. 고생물학자들의 이러한 주장은 뇌의 위력을 보여주는 것으로, 인류 삶의 방식에서 무기를 고안하고 그것을 사용하여 수렵하며 고기를 얻게 하였다는 것이다. 이는 또한 뇌를 더욱 크게 키울 수 있는 칼로리와 단백질의 제공을 의미한다. 특히 커다란 뇌는 복잡한 개인의 언어능력 및 사회적 상호작용을 더욱 성공적으로 이룩할 수 있도록 하였을 것이다. 이는 생존을 위한 수렵의 행위만큼이나 개인 간의 상호작용, 즉 사회적 상호작용이 생존에 중요한 능력으로 사용되었으리라 짐작할 수 있게 하는 부분이다. 다시 말해 호모 커뮤니쿠스(Homo Communicus)로 명명된 인류의 특징은 생존 능력인 것이다.

호모 사피엔스의 일종인 크로마뇽인의 출현과 함께 유럽에서 문화혁명이 일어났다. 그들의 신체구조나 행동양식, 사회구조는 현대의 인류와 같았을 뿐만 아니라 의식주와 종교, 예술 등에서도 너무나도 정교한 문화를 이루는 등 혁신적인 변화가 급격하게 일어났다(Winston et al., 2006). 현재 인류는 비교할 수 없는 찬란한 문화를 이룩하고 있을 뿐만 아니라 그 기반인 인류의 뇌에 대해서도 이해하려 노력하고 있다. 그렇게 함으로써 '나'라는 근원적인 물음에 답을 찾고자 하는 것이다. 이러한 현대인의 뇌에 대한 인식에도 불구하고, 수천 년 전 인류는 정신이 육체와 분리되어 따로 존재한다고 믿었고, 기원전 5세기의 한 철학자는 사고의 매질이 혈액이라고도 생각했다. 뿐만 아니라 수 세기 동안 사람들은 신체에서 머리를 그다지 중요하게 여기지 않았다. 고대 이집트인들은 미라를 만들 때 심장은 소중하게 보존하였지만, 뇌는 두개골에서 쏟아내 버렸다고 한다. 아리스토텔레스(Aristoteles) 또한 뇌를 두개골 속에 있는 혈액의 열을 식혀주는 부분으로 여겼으며, 데카르트(Descartes)는 정신과 몸이 교감하는 데 필요한 일종의 안테나로 보았다. 그 후 약 4~5세기쯤에 히포크라테스(Hippocrates)와 그의 동료들은 인간의 정신에서 뇌가 중요한 역할을 한다고 생각하였다. 오늘날 대부분의 인류는 '마음'이라는 것과 '뇌'가 하나의 실체라고 생각한다. 물론 신체의 생리적 현상뿐만 아니라 순수한 감정, 의식, 언어 등의 마음과 지능적인 부분도 뇌의 실체라는 것을 의심하는 사람은 없을 것이다. 인간의 뇌는 과거는 물론 현재와 미래에 대한 계획 및 기술과 정보의 공유 등 다른 동물들이 할 수 없는 것들을 할 수 있다. 또한 인간만의 독특한 자의식과 내재적인 의식을 제공할 수 있다.

하지만 뇌에 의식이 있다고 확신할 수 있는 사람이 있을까? 의식분야에 저명한 미국 캘리포니아 공과대학 생물학부의 시모조 신스케(下條信輔) 교수도 의식의 정의조차 명확하게 합의된 것이 없다고 말한다(뉴턴코리아, 2013). 우리가 이 책을 읽고 있는 순간에는 주위의 소음에 주의를 기울일 수 없다. 그러나 주의를 기울여야겠다는 생각이 드는 순간부터 주변의 소리가 들리기 시작한다. 그 사이 우리의 의식은 무엇을 하고 있었을까? 뇌 과학은 무의식을 연구함으로써 의식을 규명해내고 있다. 현재 뇌 과학 분야의 규명 속도와 상관없이 우리는 자기 자신에게 의식이 존재함을 믿어 의심치 않는다. 우리는 타인 역시 의식이 있음을 충분히 인지하고 있다. 많은 뇌 과학자는 이러한 사실에 기반하여 사람에게는 의식이 있다고 믿는다. 나에 대한 인식은 나에 대한 개념으로 연결된다. 한 개인이 자신에 대해 가지고 있는 지각 또는 견해가 자아개념인 것이다(김영옥, 2015). 이는 개인이 가지고 있는 어떠한 믿음, 기대, 행동으로 반영되며, 전 생애에 걸쳐 개인은 물론 타인의 행동, 판단, 결정 및 적응에도 지속적으로 영향을 미치기 때문에 중요하다. 이러한 자아개념은 유아기에 그 기초가 만들어진다.

감각능력과 사회적 상호작용

영아는 수십억 개의 신경원을 가지고 태어나며, 출생 이후 강화되는 것도 있고 사라지는 것도 있다(Puckett & Black, 2005). 환경이 아기에게 필요한 것(양육자와의 신체적 접촉과 의사소통, 다양한 감각기관을 이용한 놀이 등)을 제공할 때 뇌의 신경회로는 점차 복잡한 네트워크를 만들 수 있게 된다(박경자, 김송이, 권연희, 김지현, 2010). 인간의 뇌가 시시각각 일상을 처리하고 배우는 동안 헤아릴 수 없이 많은 뇌세포 간의 연결들이 만들어지고 발달한

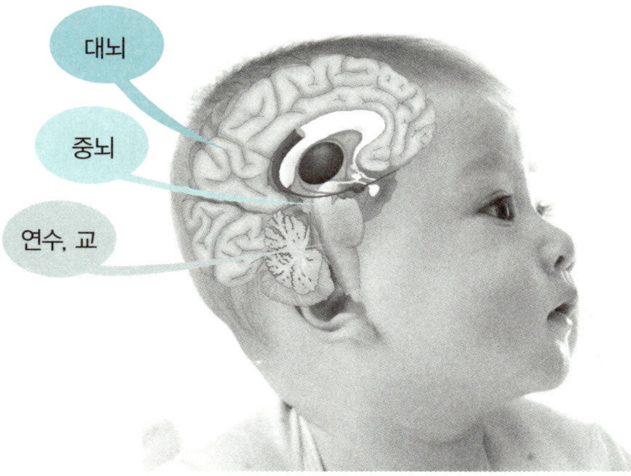

다. 최근 일본 자연과학연구기구 생리학연구소의 가사이 하루오(河西春朗) 교수 연구팀은 생쥐의 해마에 있는 뉴런을 조사하여 시각이나 신체를 통해 얻은 정보가 뇌에 기억되는 모습을 관측하였다. 신호를 보내고 받는 사이에 스파인(Spine)이라는 돌기가 미세한 틈을 사이에 두고 인접해 있으며, 강한 자극을 받는 시냅스일수록 스파인이 크게 부풀고, 그에 따라 전달하는 신호도 더 쉽게 전달된다는 것을 발견하였다. 즉, 경험에 많이 노출되면 될수록 뇌 사이의 전달이 더욱 용이해져 경험이 마치 뉴런에 새겨지는 것과 같은 효과를 낸다는 것이다.

상대의 생각을 헤아리는 필수적인 능력의 시작

뇌에는 '사회적인 뇌'라고 불리며 사회적 접촉을 담당하는 안와전두엽피질과 거울신경세포, 대상회피질이 있다. 이 부위는 스트레스를 좀 더 효과적으로 다루게 도와주고 질병에 대한 면역력도 높여준다고 한다(Arden, 2013). 대뇌를 좌반구와 우반구로 가르는 깊은 도랑의 벽에 '전부 대상회'가 자리하고 있으며, 이 부위는 사람의 사회성의 바탕을 이루는 중요한 뇌의 작용에 관련되어 있으리라 여겨지고 있다. '타인의 시점에 서서 생각한다.'는 것은 인간 소통에서 표정과 행동 등을 미루어 상대의 의도나 감정을 헤아리는 능력으로 사회적 동물인 인간에게 매우 중요한 능력이다. 잘 알려져 있는 '샐리와 앤 테스트(Sally and Anne Test)'는 '누군가의 몸이 되어 생각한다.'는 것으로 이러한 뇌의 기능은 4~5세 무렵에 완성된다. 또한 이 기능에 장애가 있는 상태를 어떤 종류의 자폐증이라 부른다.

'타인의 관점에서 생각하는 뇌의 기능'은 인간을 제외한 유인원의 경우 불완전한 형태로 작용할 뿐이다. 그러나 타인의 인식 이전에 자아 인식이 필요하다. 자아 인식은 자아개념의 가장 기본이 되는 것으로 자신을 타인과 별개의 존재로 구분할 수 있는 능력이다. 그 중 자아존중감은 정서적 측면을 좀 더 강조한 것으로 소속된 사회의 일반적인 평가를 바탕으로 유아 스스로가 자신의 이미지에 대해 평가하는 것이다. 이와 같은 자신에 대한 인식이 있은 후에 타인에 대한 인식이 이루어질 수 있다.

'마음의 이론'에서는 '거울 뉴런(mirror neuron)'이라는 신경세포에 주목하고 있다. 자신의 특정 행동은 물론 타인에게서 자신과 같은 행동을 볼 때 정확히 동일한 거울 뉴런의 신경세포가 반응하는 것이다. 거울 뉴런들은 타인의 행동 그대로의 뇌 지도를 자신의 뇌에 직접 그리기 위한 장치로 해석된다. 따라서 인간의 모방은 배우는 것이 아닌 그야말로 스캔을 통해 복사본이 제작되는 작업인 것이다. 배울 필요가 없으므로 갓 태어난

아기도 시야에 비치는 대로 흉내를 낼 수 있다. 그러므로 흉내 내기가 다른 사람의 견해나 신념을 인식할 수 있다는 증거가 될 수는 없다. 아기들은 기본적인 배고픔과 추위 등의 욕구를 울음으로 표현할 뿐이다. 성인이 특정 대상을 지목할 때 대상 자체를 인지하지 못한 채 성인의 손가락을 쳐다볼 뿐이다. 이후 자신을 지칭하는 '나', '○○이'라는 말을 하기 시작하며, 좋고 싫음을 표현한다. 만 1세가 될 즈음 '공유되는 주의집중 메커니즘(SAM)'을 갖게 되는데, 이는 타인의 눈이 바라보는 방향을 바꿀 때, 그 사람이 다른 것을 보고 있다는 것을 이해하는 능력이다. 9개월에 대상의 눈이 감겨 있건 떠 있건 관계없이 머리 방향을 따르나 12개월이 되면 눈이 떠 있을 때 응시하는 방향을 따르는 경우가 더 자주 생긴다. 특정한 것에 대한 응시가 안다는 것으로 이어진다는 것을 유추해볼 수 있다. 여러분이 친구와 함께 차를 마시며 대화하는 중 친구가 응시하는 특정한 곳을 함께 바라보게 되는 것도 타인의 생각에 주의 집중하는 한 가지 상호방식일 것이다(Bears & Gage, 2010).

그러므로 뇌가 사고를 관장하고 사람의 행동을 조절한다고 생각할 수 있다. 뇌는 본능, 마음, 의식 그 자체라고 말할 수 있으나, 정확히는 아니라고도 할 수 있다. 그 이유는 본 장의 후반부에 다루어질 환경의 요인에 대해 아직 이야기 나누지 않았기 때문이다. 100년 전만 하더라도 뇌와 사람의 마음이 연관되어 있을 것이라는 증거는 사고로 뇌를 다친 사람들에게서 발견되는 특징적인 행동이나 사라진 행동을 통해 알게 되는 것이 전부였다. 유명한 연구 중 하나를 소개하자면 건강하고 예의 발랐던 철도공사장 감독관 청년이 사고로 두개골에 쇠막대기가 꽂힌 후 매우 저속한 성격으로 돌변한 것이다. 이 피네아스 게이지(Phineas Gage)라는 이름의 청년이 우리에게 알려준 사실은 뇌의 전두엽에 사회 · 도덕적 판단기능을 담당하는 부위가 있다는 것이다. 뇌 과학 분야의 연구는 어떤 사람의 우연한 사고나 연구 대상이 사망한 후 뇌 손상 부위와 기능들을 확인할 수 있기 때문에 증명에 꽤 오랜 시간이 걸렸으며, 연구결과의 양도 극히 적어 그 발달이 더디었다. 그러나 과학기술과 각종 의료지식 등의 진보로 뇌 신경 과학 분야에서 뇌의 세부적인 구조를 관찰할 수 있는 여러 영상장비(양전자방출단층촬영(PET), 기능성자기공명영상(fMRI) 기술 등과 해석기능의 발달로 증명에 가속도가 붙고 있다. 그렇다고 뇌 과학만으로 개인의 특성과 사회적 능력들을 설명할 수는 없다. 인간의 뇌는 인류로 하여금 다른 영장류보다 월등한 능력을 갖도록 구분지어 주었지만 뇌의 성장을 이끈 동인은 인간의 사회적 능력에 있다. 700만 년 동안 인류는 홀로 삶의 터전을 만들 수 없었으며, 서로서로 삶의 터전을 공유하며 발달하였다(Dunbar, Gamble, & Gowlett, 2016).

가족

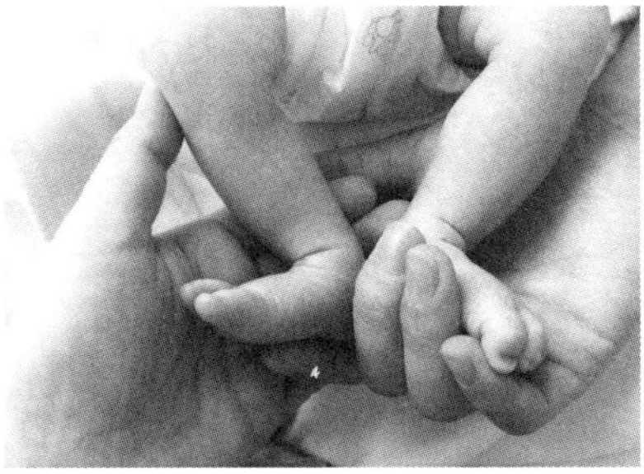

사회에 소속되고 적응하는 방법을 익히는 것을 사회화라고 하며 이러한 사회로의 첫 배움은 가족에게서 시작된다. 학령기에 교사를 통해 이루어지는 공식적인 사회화 교육 이전에 부모와 가족 구성원 역시 교사로서의 역할을 하는 것이다. 어린 인류는 성장해가면서 공통의 규범, 목표, 가치 등을 배우게 된다. 이때 구성원 전체 삶의 방식은 한 개인의 삶의 방식에 영향을 미치며, 마찬가지로 한 개인의 삶의 방식은 역으로 구성원 전체의 삶에 영향을 미치게 된다.

인간은 아기를 돌보고 젖을 먹여 키운다. 고릴라나 침팬지가 젖을 떼자마자 스스로 먹이활동을 시작하는 것과 달리 인간은 훨씬 긴 유아기를 보낸다. 다른 동물에 비해 인간의 아이는 굉장한 보살핌이 필요하며 동시에 비정상적으로 긴 유아기를 거쳐야 한다. 일부 학자는 이렇듯 유아기가 긴 것은 인간의 뇌가 성장하고 복잡한 사회적인 기술을 배우는 데 시간이 소요되기 때문이라고 보고 있다. 갓 태어난 아이의 뇌는 400g 정도로 성인의 약 4분의 1이다. 이것이 1세 때는 900g, 3세 때는 1kg이 된다. 인간의 뇌에 있는 신경세포는 1,000억 개로 추정된다. 이 수는 성인이나 갓난아이나 마찬가지이다. 그러나 유아의 신경세포 수가 성인과 같으면서도 성인과 똑같은 행동을 할 수 없는 이유는, 신경발달이 미숙해 충분한 학습이 이루어지지 않았기 때문이다(Kalat, 2019). 신경발달이란 신경세포가 기능을 발휘하는 것과 신경세포끼리 서로 연락을 주고받는 부위인 시냅스가 형성되어 가는 것을 말한다.

양육자의 반복적인 행동은 뇌의 경로를 강화시킨다. 양육자의 반응적이고 따뜻한 느낌을 주는 양육은 영아의 스트레스 대처능력은 물론 사회적 애착을 위한 뇌 구조를 형성하도록 해준다. 사회적 경험을 통해 점차 주변인 및 환경과의 복잡한 상호작용에 참여하면서 영아의 뇌는 급속히 커지고 발달한다. 그러므로 영아에게 적합한 지도와 적절한 놀이 등을 제공하여야 하며, 이러한 경험은 정서를 안정시키고 조절하는 능력과 관련된 뇌의 신경망을 생산하는 데 필수적이다(Puckett & Black, 2005). 우리는 이미 세계대전 후 운영된 고아원의 예를 통해 완벽한 환경에서도 단 하나, 부모의 관심과 돌봄이 제공되지 않을 경우 아이는 감정적이고 육체적인 문제뿐만 아니라 죽음에 이를 수 있다는 것을 잘 알고 있다. 전쟁과 관련 없이 발견된 또 하나의 흥미로운 사건이 있다. 4세 남자아이가 2세 정도의 성장발육을 보인 것이다. 건강에 이상이 있는 것으로 판단된 아이는 검사를 받기 위해 입원했으나 신체질환의 가능성은 없었다. 이 남아는 어려서부터 부모의 미움을 받으며 자랐으나, 입원 후 의료진의 따뜻한 보살핌으로 키와 몸무게가 빠른 속도로 정상 수준으로 늘어났다. 애정 어린 돌봄과 배려해주는 양육이 뇌와 심리적인 발달에 효과가 있음을 보여주는 증거라 할 수 있다. 잘못된 양육이 뇌를 손상시킨다는 연구는 쥐의 양육방식에 대한 연구에서도 밝혀졌다. 일련의 연구에서 핥거나 털 손질을 잘 받는 등 돌봄을 잘 받은 쥐의 새끼들은 스트레스 저항성이 더 크고 오래 살았으며, 자신의 새끼들도 잘 돌봤다. 하지만 잘 양육되지 못한 쥐들은 새끼들을 방치했다. 놀라운 사실은 잘 양육되지 못한 쥐에서 태어난 새끼들을 양육을 잘하는 어미 쥐가 기르도록 했을 경우 향후 양육을 잘하는 어미 쥐가 되었다는 것이다. 결국 양육방식은 타고난 유전자보다 더 지대한 영향을 미치는 것으로 보인다(Arden, 2013). 종합해 보면 심리적이고 사회적인 박탈은 그 기간이 길어질수록 뇌기능에 치명타를 주며, 유전적 정보도 중요하지만 유전적 정보만이 우리 삶을 고정시키거나 한정지을 수는 없다는 이야기인 것이다.

피부는 인간의 표면을 덮고 있는 가장 큰 기관이며, 두 가지 유형의 수용체를 가지고 있다. 위치, 확인, 물건을 조작하는 데 도움을 주는 수용체와 다른 사람과 감정을 통해 연결되도록 도

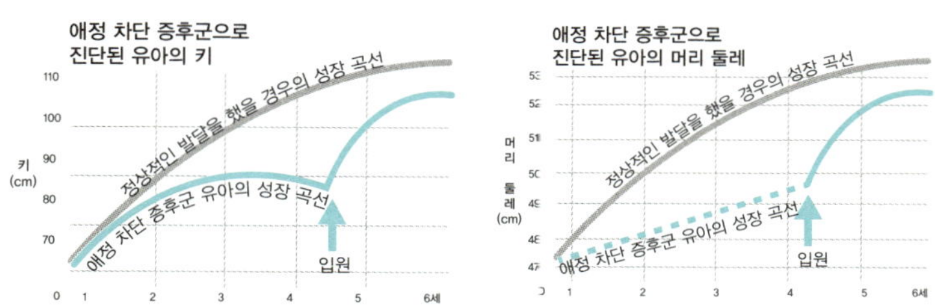

출처: 뉴턴코리아(2012).

움을 주는 수용체이다(Arden, 2013). 후자 수용체의 기능은 인간을 사회적으로 연결되도록 하며 신체적인 건강과 더불어 정신적인 건강을 촉진하는 것으로 생각되어 왔다. 진화적으로 만지는 것과 만져지는 것은 사회적인 응집력과 결속력을 촉진하였다. 비슷한 예를 들자면 원숭이 같은 영장류들이 서로의 털을 손질해주는 행위처럼 말이다. 만진다는 행위는 안심시키거나 애정을 표현하는 것이다. 만지는 것보다는 만져주는 행위, 예를 들어 가볍게 토닥여주거나 어루만져주는 행동이 도파민과 옥시토신, 엔돌핀을 분비시키고 이는 다시 행복감과 친밀감으로 이어진다고 한다. 뿐만 아니라 스트레스 호르몬을 낮추고 뇌세포의 생존능력을 증가시키는 것에 연관이 있다고 한다(Arden, 2013). 유아를 격려하는 토닥거림도 같은 효과를 낼 수 있는 것이다.

영아가 세상에 대해 갖는 정보는 양육자가 자신을 돌봐 줄 때 영아가 받는 감각에 기초한다. 갓난아이의 뇌는 태어나기 이전에 보는 것과 듣는 것의 틀을 완성한다. 그리하여 생후 5일이 지나면 어머니의 목소리와 냄새에 특별하게 반응하도록 돕는다. 또한 아직 기능이 분화되기 전이므로 어른에게는 없는 공감각이라 불리는 상태가 존재한다. 예를 들어, 시각과 청각이 연결되어 있어 소리를 보거나 색을 듣는 경험을 할 수도 있다고 한다(Carter, 2007). 또한 아기는 탄생과 함께 뇌의 변연계 하부조직을 통해 기본감정들을 표현할 수 있다. 그러나 감정의 표현은 의식적인 감정의 체험과 연결되지 못했기 때문에 극단적으로 표현된다. 무의식적인 표현인 것이다. 이후 외부로부터 들어오는 환경적 자극은 물론 양육자로부터 받은 최초의 자극을 시작으로 현재까지 관계 맺는 모든 관계에서 수용된 자극들이 편도체에서 정서적인 의사소통의 의미를 파악하는 데 중요한 역할을 담당하고 있다. 편도체 역시 초기 애착관계의 중재에서 중요한 역할을 하는 것이다. 뿐만 아니라 뇌의 다른 부위와 시냅스 연결이 풍부하게 되어 있어 '좋다-나쁘다' 방식으로 매우 빠르게 정서적인 가치를 가진 수용성 자극을 처리하게 된다(Eliot, 2004).

감각적 지각을 통해 영아는 사회적 환경인 엄마의 얼굴, 목소리, 체취에 고개를 돌리는 등의 반응을 한다. 생후 6개월 정도가 되면 친숙한 성인과의 접촉(안아주기, 흔들어주기, 산책하기 등)을 즐기며 쾌적하지 못한 환경에 스트레스를 나타낼 수 있다(박경자, 김송이, 권연희, 김지현, 2010; Klaus, Kennell & Klaus, 1995). 많은 사람들이 어머니와 유대관계가 무너지면 성격 형성에 장기적인 영향을 받는 것으로 믿고 있다. 장기적인 모성의 결핍이 유아의 발달에 유해한 것은 의심할 여지가 없다. 그러나 단기적인 결핍은 모성을 대신할 다른 애정의 공급으로 어느 정도 악영향을 피할 수 있다. 출근하는 직장맘의 유아가 모성을 대신할 만한 좋은 영유아교육기관에 맡겨진다면 단기적인 결핍은 어느 정도 해소될 수 있는 것이다. 이렇듯 애착은 아기에게 자신을 돌봐주는 사람에 대한 인식은 물론 믿음을 주는 것으로 건강한 발육과정에서 꼭 필요한 관계이다. 뿐만 아니라 아기의 엄마도 아기와 관계를 형성하고자 하는 본능이 뇌에 저장되어 있는 것으로 보인다. 자신의 아기가 웃고 있는 사진을 본 여성의 뇌에서 도파민 보상체계가 강력히 활성화되었으며, 타인의 아기 사진으로도 약간의 동일반응이 관찰되었다. 재미있는 것은 무표정하거나 울고 있는 아기의 사진으로는 아무런 반응도 관찰할 수 없었다는 것이다(Ridley, 2004). 아기와 엄마가 유대관계를 형성하는 데 상호복합적인 보완작용을 하고 있다는 증거인 것이다.

엄마 감정 따라하기

인간뿐만 아니라 동물들도 눈물을 흘린다. 하지만 다른 동물들의 눈물은 감정에 의해 흘리는 눈물과 성분이 다르다는 몇 가지 증거로 보아 동물들의 눈물은 단지 씻어내기 위한 반응으로 보인다. 인간은 고통의 순간은 물론 기쁨의 순간에도 눈물을 흘린다. 이와 같은 감정은 몸에 새겨진 숨길 수 없는 본능임에 분명하다. 감정을 느끼는 데 대뇌피질이 관여하며, 전전두엽의 발달은 스무 살이 지나야 완료된다. 이는 10대들의 충동적인 감정 기복을 설명할 수 있는 과학적인 근거이기도 하다. 그러나 모든 사람의 감정을 같은 식으로 해석하는 것은 무리가 있다. 어떤 사람은 폭발하는 감정을 토해내듯 제어하지 못한다. 감정을 제어하는 대뇌피질과 편도체 사이의 연결이 약하여 즉각적으로 과도한 감정을 제어하지 못하는 것이다. 하지만 이러한 감정의 제어는 대뇌피질과 편도체 사이의 연결을 강화함으로써 조절할 수 있는데 이때 명상이나 요가 등의 호흡법 같은 기법이 사용될 수 있다. 유아들의 억제하지 못하는 감정표현도 마찬가지로 아직 완전하게 발달하지 않은 전전두엽 때문이다. 이 외에도 대표적으로 6가지 기본 감정(기쁨, 공포, 놀람, 혐오, 분노, 고통)이 있으며 이 또한 뇌신경 회로에서 발생하고 이 감정들은 문화에 따라 차이를 보이지 않는다(Biehl et al., 1997). 귀신의 집을 체험하면서 갑자기 튀어나온 형상에 화들짝 놀라는 것처럼 이 감정들은 의식적으로 즉각 제어하기 어렵다. 이러한 기본적인 감정의 표현은 뇌신경의 회로망에서 생성되는 것으로 개인의 경험과 문화적 요소가 영향을 미치고 있으나, 대부분 문화권과 관계없이 감정의 종류를 알아볼 수 있다. 19세기 찰스 다윈(Charles Darwin)은 『인간과 동물의 감정 표현』(1872)에서 모든 인간들이 동일한 감정의 레퍼토리를 가진다는 이론을 내놓았었다.

흥미로운 또 다른 사실은 생후 3개월이 된 아기들은 타인의 시선을 쫓아갈 수 있으며, 그 안에 담겨 있는 감정을 금방 알아차린다는 것이다. 주목할 만한 것은 위험요소가 전혀 없는 특정 대상이라도 양육자가 두려움의 표정을 지으면, 그 표정을 바라보는 유아도 그와 동일한 두려움을 느낀다는 것이다. 공격성 또한 어느 정도 유전되는 것으로 보이며, 아이의 공격성과 부모의 행동방식에는 명확한 상관관계가 있다는 연구가 있다. 부모가 원하는 것을 얻기 위해 소리를 지르거나 싸우는 것을 목격한 아이의 경우 공격적인 성향을 보인다는 것이다

(Kalat, 2019). 이에 대해 과학자들은 뇌의 전전두엽에서 나오는 신호가 약해지거나 세로토닌의 농도가 변화하여 공격성이 증가하였을 것으로 생각하고 있다.

마음의 상처 = 뇌의 상처

어떤 아이는 어른스럽게 부모의 마음을 잘 살핀다. 이와 같은 유아는 최근에 증가하고 있는 불안정한 애착유형일 수 있다. 이 유형의 아이들은 부모의 안색을 잘 살피고 얼핏 보면 분별력 있고 순종적인 것처럼 보인다. 하지만 수면장애 등의 불안정한 애착 증세를 보인다(Ridley, 2004). 그러나 부모에 대한 안정적인 애착이 형성되면 우리가 잘 아는 응석받이 아이의 모습으로 되돌아온다.

유아기에 마음의 상처가 되는 여러 불안, 고통, 공포를 반복하여 겪은 경우 불안정 애착은 물론 뇌의 발달에 장애가 생긴다. 그 대표적인 예는 학대이다. 학대받은 유아의 대부분은 분노, 절망, 무력감을 느끼며 불안정한 감정반응이 생기고 감정을 강요받는다. 이러한 반복적인 긴장과 불안은 스트레스 호르몬(코르티솔)의 분비를 촉진하고 연쇄적으로 뇌의 발달에 영향을 미치게 되는 것이다. 즉 대뇌피질과 대뇌변연계의 발달을 저해하며, 시냅스의 증가를 막아 결국 뇌 발달이 저해된다. 학대로 인해 발생한 감정의 변화가 신호전달물질의 비정상적인 방출을 유도할 뿐만 아니라 이상한 뇌파가 발생하여 학대를 기억하는 신경망이 형성된다는 것이다. 이는 유아기뿐만 아니라 이후 정신적인 장애로까지 이어진다고 한다. 주목해야 할 것은 사소한 긴장과 불안감에도 극도로 예민해진 경계 태세를 자극하게 되고, 스트레스 호르몬이 분비되는 악순환에 빠진다는 것이다. 이는 자신을 조절하는 능력과 주의력, 학습능력뿐만 아니라 성격 형성에도 문제를 일으킨다고 한다(뉴턴코리아, 2012).

성격과 지능은 유전인가 환경인가? 양육과 본성의 협상결과!

인간이 태어나면서 원시반사를 나타내는 것처럼 감정표현에 있어서도 마찬가지의 현상을 나타낸다. 울어서 불쾌감을 표출하는 모습, 웃음으로 쾌감을 표현하는 모습을 잘 관찰하면 장차 그 아이의 지능과 인격을 어느 정도 예상할 수 있다. 단조롭게 우는 아이, 별로 울지 않아 손이 안 가는 아이 모두 지능발달이 느릴 수 있다는 것이다(Heine, 2018). 그렇다고 학습이나 운동능력처럼 조기교육으로 감정의 발달을 촉진시킬 수는 없다. 유의할 점은 지능발달이 정상적이더라도 감정의 표출이 늦어지는 아이는 있다는 것이다. 아이의 다양한 감정표현이야말로 잘 자라고 있다는 증거이다.

인류에 대한 대표적인 연구는 일란성 쌍둥이를 대상으로 같은 환경에서 자란 경우와 전혀 다른 환경에서 자란 경우를 비교하는 연구이다. 일란성 쌍둥이의 경우 유전자가 거의 똑같으므로 전자의 경우 비슷한 성격과 지능 등을 가질 것으로 예상하는 것은 당연한 듯하다. 하지만 후자처럼 똑같은 유전자라는 통제변인을 두고 다른 환경에서 자란 경우의 결과는 유전자가 성격 형성에 약 50%의 영향을 미친 것으로 나타났다. 이에 비해 부모나 친구 등의 인적 환경과 물리적 환경에 의한 영향은 30~35%로 나타났으며, 지능으로 대변되는 지적 능력의 유전비율은 부모 유전자의 거의 50%였다. 더욱 놀라운 것은 자신에게 어울리는 환경을 만들어내는 것 역시 유전자가 관여한다는 것이다. 우리의 삶 자체를 유전이냐 환경이냐로 구분 짓는 것은 매우 복잡하고 어려운 일이며, 삶에 대한 해석이 한쪽으로 치우칠 수만은 없다는 것을 우리는 잘 알고 있다.

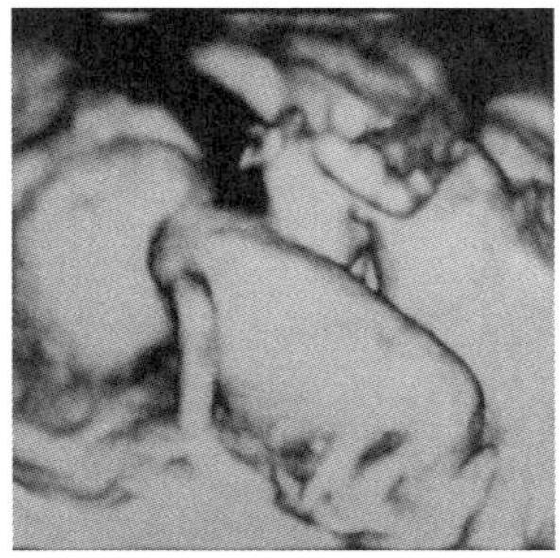

태내의 쌍둥이

또 하나의 흥미로운 연구가 있다. 사람의 호기심에 관여하는 유전자에 대한 연구(이스라엘의 Richard Ebstein과 미국의 Jonathan Benjamin의 두 연구팀이 거의 동시에 발표)로 호기심뿐만 아니라 적극성, 지능, 성격까지 유전자가 중요한 작용을 한다는 연구가 잇따라 발표되었다. 하지만 이마저도 지역과 나라에 따라 다른 특징을 보였다.

호기심에 관여하는 유전자

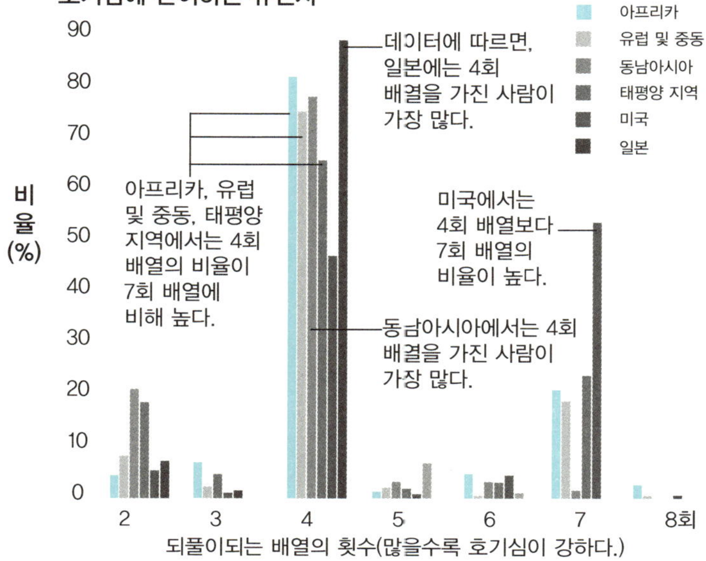

출처: 뉴턴코리아(2012).

가족 안에서의 나(개성)

이러한 유전적인 이유와 감정에 따른 뇌의 작용인 본성, 개인이 살아가면서 노출되는 가족의 구조 및 양육방식의 상호작용에 따라 개인이 삶에 임하는 태도는 달라진다. 개성은 개인의 삶의 방식, 개인이 타인과 관계를 맺는 삶의 방식이다. 자신의 개성을 이해하고 주위 사람의 개성을 이해하는 것은 인간관계를 원만히 하는 데 도움이 된다. 프로이드(Sigmund Freud)는 개성이 id, ego, superego의 조합으로 구성된다고 보았고, 대부분의 전문가들은 신경성, 외향성, 개방성, 호감도, 성실함의 5가지 특성들이 적당히 혼합된 형태가 개성이라고 하였다(뉴턴코리아, 2012). 중요한 것은 구성원들의 개성은 다 다르지만 타인의 개성을 인정하고, 사고방식을 열린 마음으로 인정하는 집단일수록 충돌이 적고 원만한 결론에 도달할 수 있다는 것이다.

아직 개성이 완성되지 않은 유아는 이와 같은 개인의 경향을 기질이라는 심리학 용어로 표현한다. 기질은 유전적 성향을 비롯하여 정서, 조절, 두려움, 사교성 등에 영향을 받을 뿐만 아니라 발달 및 경험의 상호작용에 관여한다(Caspi & Shaver, 2006; Goldsmith, 2002; Kagan & Fox, 2006). 그러므로 기질은 타고나는 것이지만 가족들의 반응 방식에 따라 달라진다고 보고되고 있는 것이다.

또한 거짓말 등의 도덕적인 잘못으로 부모에게 혼나는 유아는 부끄러움을 느낀다. 이러한 경험으로 유아는 복잡한 감정들의 관계와 올바른 것을 결정하는 방식을 배우게 된다. 따라서 양육은 개인이 태어나는 순간부터 영향을 주는 요소이며(심지어 자궁 내 환경에서도 영향을 받는다는 연구도 있다.), 살면서 접하게 되는 사건들(이사, 전학, 질병, 사건, 죽음 등)도 개성의 형성에 영향을 미친다. 또한 인간은 사회적인 동물이므로 개인이 포함된 사회의 문화와 견해에 따라 생각과 행동에 영향을 받는다. 뿐만 아니라 국가가 주도하는 교육을 통하여 해당 사회가 원하는 행동의 기준을 학습하며, 감정을 키우거나 억누르도록 교육받는다. 특히 3~6살은 종합적인 사고기능과 인간성을 담당하는 전두엽이 집중적으로 발달되는 시기이다. 그러므로 이 시기에 자신이 속한 문화의 예절과 도덕 교육은 사회성 발달에 결정적 영향을 미친다고 할 수 있을 것이다.

또래와 사회

인간은 다른 어떤 동물보다 사회적 동물이다. 다른 종의 동물들과 경쟁할 필요가 없는 우위를 점하고 있는 만큼 다른 구성원들과의 관계는 다른 의미를 가질 것이다. 인간의 뇌가 다른 이들의 생각과 행동을 예측할 수 있도록 진화한 것도 같은 맥락에서 이해될 수 있을 것이다.

유아가 친구를 사귀는 것은 가족의 테두리를 벗어나 접하게 되는 중요한 관계 형성이다. 신생아기의 연수, 교(橋)의 신경발달을 시작으로, 6개월 무렵부터 뒤집고, 기고, 앉는 중뇌의 신경발달을 거쳐, 2~5세 무렵 붙잡고 서고, 걷고, 복잡한 행동을 하면서 성인이 되어가는 대뇌 신경발달이 이루어진다. 인간의 기본적 동작에 관계하는 부위의 수초화는 3세 무렵까지 완성된다. 그리고 수준에 맞는 학습을 해서 6세 무렵까지 기본적인 동작이 가능해진다. 대뇌의 수초화는 20세 무렵까지 진행된다고 한다. 유아의 신경회로는 잘 감긴 실타래처럼 자리잡기 전으로 성인들의 신경회로보다 훨씬 융통성이 있어 탄력적으로 변화를 수용할 수 있다. 성인이 되기 전까지 보다 복잡한 회로망을 구축함은 물론 불필요한 시냅스를 솎아내는 과정도 거치게 된다. 이러한 경험은 유아가 어떠한 경험을 얼마나 하느냐에 따라 좌우되며, 이러한 다양한 경험을 통해 뇌를 자극하는 경험을 하지 못한 유아의 경우 뇌가 자극을 처리할 수 있는 신경회로를 만들지 못해 일생 동안 영향을 받게 된다(윤은영, 2018). 이러한 결정적인 시기를 놓치지 않고 세상을 잘 살아나갈 수 있도록 또래들과 뛰어놀면서 사회를 배우고 자신은 물론 세상을 알아가야 하는 것이다. 이 시기의 사회성과 인성교육이 더 우선시되어야 하는 이유(Hubel & Wiesel, 1970) 중 하나로 제시해 볼 수 있을 것이다.

첫 번째 학교인 유아교육기관에 가는 것은 유아가 하루 중 대부분의 시간을 부모가 아닌 비슷한 나이의 친구들과 보내게 되는 것을 의미한다. 이는 유아가 가정과는 또 다른 잘 짜인 환경에서 학습은 물론 사회적인 조직의 일원으로 생활하는 방식을 배우도록 해준다. 교육기관에서 배우는 내용은 국가가 지향하는 인간관에 기초를 두고 있으며, 거시적으로는 문화권마다 차이가 있다. 유아교육기관에서의 생활은 가족의 둘레 내에서 생활해오던 유아의 삶에 큰 변화를 가져오는 것이다. 전통사회에서 아동은 동생 돌보기나 설거지 등의 가사 일을 배워 집안일을 분담하였고 이는 후에 어른이 되었을 때 유용하게 사용하는 능력으로 사용되었다. 그러나 현대의 아이들은 제도와 기술의 발달 및 여러 상황적 요소들이 이를 막고 있으며 이러한 능력들을 기르지 않아도 되게 되었다. 또한 대가

족에서 자란 유아들은 친구가 많아야 할 필요성을 크게 느끼지 않는다. 반면 가족구성원의 수가 줄어들고 형태가 단순해지면서 친구 형성의 기초가 되는 관계 맺기에서 어려움을 겪는 경우가 많아지고 있다. 과거의 아이들은 고무줄놀이, 사방치기 등 많은 바깥놀이를 하며 함께 시간을 보냈다. 하지만 최근 사회적이고 기술적인 생활환경의 변화는 아이들을 스마트폰을 보거나 게임을 하면서 시간을 보내도록 내몰고 있다. 이는 소아비만이라는 건강상의 문제를 일으킬 뿐만 아니라 근본적으로는 사회적 능력을 기를 수 있는 기회를 박탈하고 있는 것이다. 비행청소년이라 불리는 거리 아이들의 사회화 거부 행동 역시 일종의 반사회적인 사회화가 이뤄진 것으로 해석할 수 있다(Winston et al., 2006).

이러한 관계환경은 친구에 대한 바람직한 애착형성의 중요성을 더욱 부각시키고 있다. 만 5~11세 사이에 형성되는 교우관계는 사회관계를 형성해 가는 데 필요한 대처능력과 기술을 습득하도록 도와주며, 나아가 자아를 존중하는 능력이 발달하도록 도와준다. 또한 타인의 관점을 이해할 수 있게 되는 만 7세쯤부터는 일과에 따라 깨졌다 붙었다 하는 관계가 아닌 오래 지속되는 친구관계를 형성하게 된다. 즉 학령기에 접어들어 성실함과 책임감이 증가하게 되면서는 보다 안정적인 교우관계가 형성되는 것이다.

사교적인 미소

친한 친구들은 어떤 사람들인가? 친한 친구의 성격 특성을 기술할 때 유쾌함, 열성적임, 친절함, 사교적임, 지도력 있음, 농담을 잘함, 배려, 상냥함, 겸손함, 이타적임, 정직함, 관대함 등의 표현을 많이 사용한다. 친한 친구로 선택된 사람들의 성격 특성은 문화 간 차이가 있다. 그러나 공통된 것은 친구와의 상호작용을 원활히 하기 위해 자신을 노출하고 칭찬하면서 긍정적인 정서를 공유할 때 더 친밀해진다는 것이다(한성열 외, 2015). 또한 사회적 상호작용은 다른 사람의 편의를 도모하기 위해 타인을 예측하고 자신을 조절하는 과정이 필요하다.

예를 들어 우리는 상대방의 눈을 쳐다봄으로써 그 사람의 '진짜 미소'를 알아낼 수 있다. 생각해보면 우리는 본능적으로 가식적인 웃음과 진짜 미소를 알아낼 수 있다. 굳이 설명하자면 진짜 미소는 안와를 둘러싸고 있는 근육이 수축하면서 볼이 올라가고 코 쪽으로 피부가 몰린다. 이런 반응은 뇌 회로에서 만들어지며 의식의 제어를 받지 않는다. 그러나 '사교적인 미소'는 의식의 명령에 따라 눈과 관련이 없는 다른 근육들에 의해 만들어지며, 대뇌피질의 회로에 의해 제어된다(Winston et al., 2006). 유아의 미소가 쉽게 사라지지 않는 이유는 진짜 미소인 경우가 많기 때문이 아닐는지… 사교적인 미소 같은 친사회적 행동은 인간에게 선천적으로 내재되어 있는 친사회성 기술의 하나라고 볼 수 있을 것이다.

인간의 눈은 얼굴의 표정과 함께 다양한 정보를 전달한다. 특히 인간은 다른 동물에 비해 넓은 흰자위를 가지고 있으며, 이는 상대방에게 시선의 방향을 알 수 있도록 하여 의사소통에 도움을 준다. 인간의 흰자위는 상대방이 자신이 어디를 보고 있는지 주의를 기울이고 있는 쪽이 어디인지 금방 알아낼 수 있도록 하는 것이다. 인간은 주의를 기울이는 상대방의 시선을 쫓아가는 본능적인 습성이 있다. 이 과정을 통해서 직접 말을 하지 않더라도 다양한 정보를 공유할 수 있다.

그러나 여전히 인간의 대표적인 정보 공유 수단은 언어이다. 인간은 언어와 관련하여 전문화된 뇌의 해부학적 구조를 가지고 있다. 이 구조가 언어기관들을 제어하게 된다(Bears & Gage, 2010). 인간은 언어를 통해 관계를 형성하고 자신이 직접 경험하지 못한 정보를 공유할 수 있다. 또한 상대방의 복잡한 생각들을 이해할 수 있을 뿐만 아니라 자신을 인식하고 표현할 수 있다.

그렇다고 말이 인간의 유일한 의사소통 수단은 아니다. 자신의 의도를 타인에게 전달하고자 다양한 방법을 사용한다. 몸짓과 신체언어로 전달할 수 있는 정보의 양은 생각보다 많다. 이 능력은 다른 동물들에게서도 발견되는 능력이지만 유일하게 인간의 두뇌만이 언어만을 담당하는 영역이 있다. 이 부위는 인간이 말을 하고 글을 읽고 쓸 수 있도록 해준다. 말하기 능력과 복잡한 문법의 사용능력은 여러 연구결과가 보여주는 것처럼 타고나는 것으로 보인다. 본능이라고 짧게 표현했으나 말을 듣고 발음하는 기능은 매우 복잡한 대뇌활동과 관련되어 있으며, 다양한 의식적 수준들이 반영된다. 어찌되었건 간에 글을 읽고 쓰는 것은 배워야 가능한 일이다. 언어마다의 고유문법이 있는 것과는 달리 몸짓은 세계 공통의 체계를 따르는 것으로 보인다. 의미면에서 일부 문화권에 약간의 차이가 있으나, 실제 사용하는 언어의 어순과는 상관없이 주어, 목적어, 동사의 순서를 따른다(Winston et al., 2006).

대화는 보는 것이다?!

얼굴을 보며 대화를 하는 과정은 음성적 언어 이상의 대화과정이다. 다시 말해 목소리와 몸짓 등의 여러 요소가 복합적으로 작용하여야 가능한 것이다. 시력이 나쁜 사람이 안경을 벗은 채 상대방의 이야기를 듣는다면 대화내용을 알아듣기 어렵다고 할 것이다. 상대방의 입 모양은 물론 얼굴의 표정과 몸짓 등을 통하여 언어를 해석하고 있는 것이다. 우리는 우리의 생각, 느낌, 의도 등을 말은 물론 몸짓으로도 전달한다. 절반 이상의 의사소통은 말보다는 신체언어를 사용하여 전달된다. 놀라운 것은 말과 신체언어가 충돌하면 몸짓으로 전달되는 경향이 더 커진다는 것이다. 몸짓은 무의식적이며, 본능적이고 의도하지 않은 것이다. 진화론적 관점에서 보면 자신과 다른 생명체가 먹잇감인가 아니면 내가 먹잇감이 되는가를 살펴보던 원시적인 반사작용의 일부가 몸짓언어(신체언어)로 남게 된 것이다. 얼굴의 표정을 만드는 눈, 코, 입과 손 등의 본능적인 움직

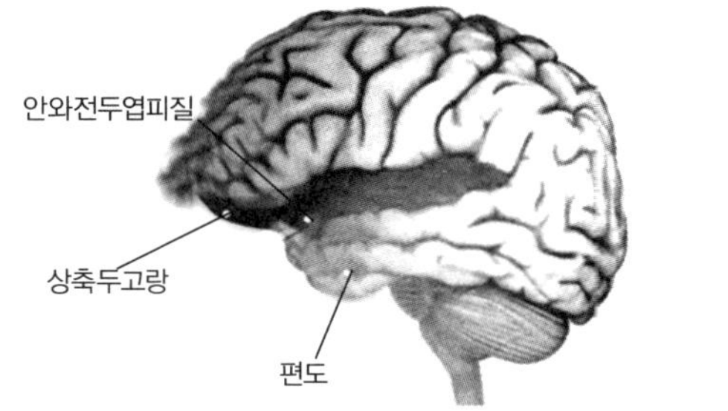

출처: Winston et al.(2006)

임과 계획적인 움직임은 뇌의 특정 영역(상측두고랑)에 저장되어 타인과의 관계 속에서 자신을 인식하도록 한다. 뿐만 아니라 감정적 내용은 안와전두엽피질에서 인지되고 분석된다.

또한 음성언어 못지않게 많이 사용하는 언어는 수화이다. 수화로 대화하는 경우 구어를 사용하는 사람들의 뇌의 언어영역 부분이 활성화된다고 한다. 점자는 튀어나온 점들을 바탕으로 한 문자체계이지만 미국 수화(American Sign Language, ASL) 같은 공식적인 수화는 음성언어와 동일한 방식의 구조를 가지고 있다. 청력에 문제가 있는 아이들도 처음에 수화를 습득할 때, 처음으로 구어를 배우는 아이들이 겪는 단계를 똑같이 거치며 수화를 배우게 된다고 한다.

호모 커뮤니쿠스(Homo Communicus)

완전히 고립된 사회는 존재하기 어렵다. 사람은 결국 혼자라고 하는 사람들도 있으나 본질적으로 인간이 사회적 존재라는 것에는 동의할 것이다. 우리는 매일 누군가를 만나고 이야기하고 함께 일하며 공유하고 갈등과 해결을 반복한다. 그렇지 않은 사람은 상상할 수조차 없다(한성열 외, 2015). 원시부족부터 최신 문물을 갖춘 도시에 이르기까지 전 세계의 인류는 다양한 경제 · 정치 · 문화적인 사회–연결체계를 통해 다른 사람과 연결되어 있다. 인류의 역사는 사회적인 관계 즉, 소통에 의해 이루어져왔다고 해도 과언이 아니다. 라틴어 커뮤니스(communis)는 '공통' 또는 '공유'라는 의미로 '호모 커뮤니쿠스'는 사회적인 인간, 소통하는 인간을 나타내는 표현이다. 인류는 서로 소통과 교류를 통해 수용 또는 조정하고, 무시 혹은 배척하거나 이해하면서 소속된 사회나 다른 사회와 연결되어 있다(김정기, 2019). 인간의 소통과 교류의 욕구는 인류의 생존과 삶의 원동력이 되어왔다. 때로는 개인 및 가족이 새로운 사회로 이동하거나 새로운 나라로 이동하는 과정에서 이해관계의 갈등을 비롯한 다양한 문제에 직면하게도 된다. 그러나 우리는 소속된 나라가 아니더라도 재난 등으로 힘들어하는 사람들을 도와주려고 기부를 하거나 봉사활동을 하기도 한다. 이러한 도와주기를 공감이라고 하며, 다른 종의 동물에게서도 나타나지만 인간에게서 더욱 강하게 나타나는 특징이라고 한다.

다른 사람이 처한 상황을 마치 자신이 처한 상황으로 가정하여 타인의 감정을 따라서 느끼는 동정 또한 인간의 본능이라고 한다. 우발적인 사고로 다친 사람의 사진과 고의적 사고로 다친 사람을 보았을 때 뇌의 활성부위가 달라진다는 것이다. 우발적인 사고로 다친 사람을 보았을 때는 fMRI 사진에서 마치 자신이 다친 것과 유사하게 뇌가 활성화되었으나(Winston et al., 2006). 고의적 사고로 부상당한 사람을 보았을 때는 뇌의 판단과 도덕적 추론 영역이 활성화되었다.

또한 인류는 직접적인 보상이나 동기가 없어도 친척이 아닌 다른 이를 도와줄 수 있다. 이를 이타주의라고 하며, 이와 관련된 뇌의 활성화를 조사하기 위해 뇌 영상 검사를 실시한 결과, 직접 기부하거나 거절한 경우 모두에서 뇌의 보상 관련 회로가 작동하였다. 물론 실험참여자들은 자선기금을 자유의사에 따라 기부하거나 거부할 수 있었다. 주목할 만한 점은 주고받는 보상의 경우 즐거움이나 만족과 관련된 뇌 영역이 활성화된 반면 남에게 무엇을 줄 때는 사회적 유대와 관계된 뇌의 영역도 활성화되었다는 것이다(Carter, 2007). 또한 사회성이 좋은 사람들은 수줍음이 많은 사람보다 친절한 사람을 보면 보상을 관장하는 줄무늬체 부분이 더욱 강하게 활성화되었으며, 사람들을 회피하는 경향의 사람들은 불친절해 보이는 사람을 대할 때 편도가 더 강하게 활성화되었다.

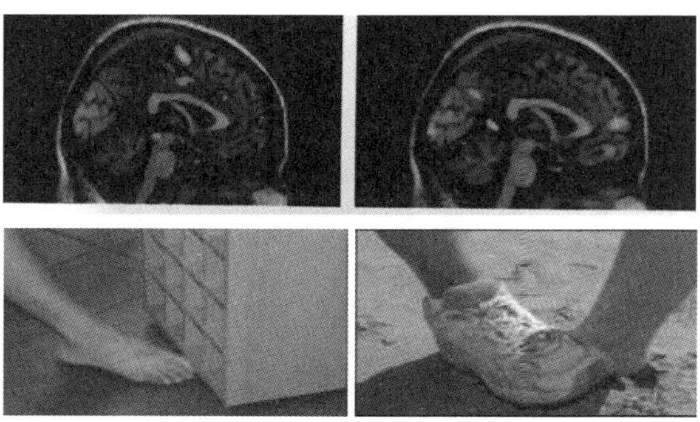

우발적인 사고로 다친 사람을 보았을 때

고의적인 사고로 부상당한 사람을 보았을 때

출처
Winston et al. (2006); https://voices.uchicago.edu/scnl

흥미로운 동물연구를 소개하자면 쥐는 자신과 같은 혈통의 쥐가 갇혀 있는 경우 탈출할 수 있도록 도와주지만 다른 혈통의 쥐는 그렇게 도와주려 하지 않는다는 것이다. 공감을 느끼기는 하지만 집단에 한정된다는 것이다. 이를 쥐의 '내집단 편향'이라고 한다(Kalat, 2019). 한동안 유행했던 이기적인 유전자라는 말로 대변될 수 있다. 쥐의 이와 같은 행동은 한 종족 내에서는 이타적으로 협력한 것이므로, 진화적 관점에서 합리적인 일로 해석될 수 있을 것이다.

인간은 서로 매우 의존적이며 한 사람의 행동이 타인에게 미치는 영향은 매우 크다. 그러므로 타인의 감정 상태를 읽을 수도 있으며, 자신이 타인에게 바라는 감정을 슬쩍 내비칠 수도 있다는 사실은 언어가 아닌 감정의 대화 즉, 상호작용인 것이다. 표정으로 드러나는 기본적인 감정의 경우 태어날 때부터 앞을 볼 수 없었던 사람과의 차이를 찾아볼 수 없었다. 기본 감정은 학습에 영향을 받지 않음을 의미한다(Heine, 2018). 감정을 나타내는 대표적인 기관으로 눈을 들 수 있다. 서로의 눈

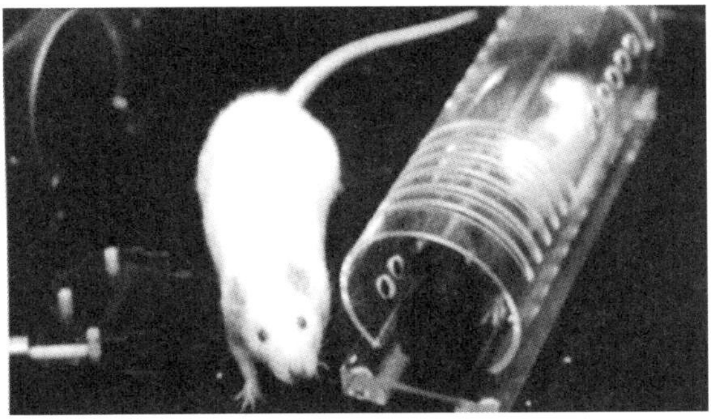

출처 Kalat(2019).

을 마주치는 행동과 응시하는 행동은 사회성 발달을 측정하는 데 중요한 단서가 된다. 갓난아이에게 정면을 바라보는 사진과 곁눈질로 옆을 향하는 사진을 브여준 결과 영아는 정면을 바라보는 사진을 보다 오래 쳐다봤다(Kalat, 2019). 정면을 응시하는 사진은 마치 자신과 눈동자를 맞대는 듯한 느낌을 주는 것이다. 4개월 된 영아 역시 뇌파검사에서 정면을 응시하는 쪽 시각피질이 보다 더 민감하게 반응하였다(윤은영, 2018).

정리해보면, 뇌가 한 개인과 사회에 지대한 영향을 미치며, 반대로 한 개인이 평생을 살아가며 노출되는 가족과 또래 및 사회적 · 환경적 요인 역시 뇌기능에 영향을 준다는 사실을 확인할 수 있었다. 유전자와 환경의 상호작용으로 인간의 행동은 변화한다. 이기적 유전자의 저자로 유명한 생물학자 리처드 도킨스(Richard Dawkins)도 우리의 뇌는 유전자의 명령에 반항할 수 있을 만큼 독립적이라 하였다. 결국 유전자는 양육을 통해 들어오는 단서를 포착하도록 설계되어 있으며, 인간의 행동은 유전자와 평생을 살아가며 노출되는 환경과의 상호작용 결과 나타나는 것이다. 그러므로 이러한 뇌 과학적 증거들은 유아의 환경에서 큰 부분을 차지하는 양육자와 교사의 역할을 다시 한 번 강조하고 있다.

닫는 글

본 장에서는 사회적 능력의 기본 단위라 할 수 있는 나, 가족, 또래와 사회에 대해 최초의 인류를 시작으로 사회적 능력의 주체와 그들의 특징 중 일부를 살펴보았다. 특히 뇌 과학적 관점에서 유아가 타고나는 사회적 능력들을 되짚어보면서, 유전과 환경의 영향을 살펴보는 가운데 양육자와 교사라는 환경의 비중이 유전적 비중만큼 큼을 뇌 과학적 측면에서 조명해보았다.

유아기 신경회로는 잘 감긴 실타래처럼 자리 잡기 전으로 성인들의 신경회로보다 훨씬 융통성 있고 탄력적으로 변화를 수용할 수 있다. 성인이 되기 전까지 보다 복잡한 회로망을 구축함은 물론 불필요한 시냅스를 솎아내는 과정도 거치게 된다. 이러한 과정에는 뇌를 자극하는 다양한 경험이 필요하며, 유아가 양질의 지적 · 정서적 · 사회적 경험을 얼마나 하느냐는 필수요소가 될 것이다. 또한 결정적인 시기를 놓치지 않고 세상을 잘 살아나갈 수 있도록 또래들과 뛰어놀면서 사회를 배우고 자신과 세상을 알아가는 것 역시 중요한 과업임에 분명하다.

오늘날 직업적으로 성공하려면 예전보다 더 많은 교육을 받아야 한다. 증가된 지식 교육의 힘일까? 우리 사회는 지적 과제에 도전하며 재미를 느끼는 사람이 늘고 있다. IQ가 높아진 것일까? 1984년, 뉴질랜드 심리학자 제임스 플린(James Flynn)은 네덜란드에서 IQ검사를 우편으로 실시 후, 그 결과 IQ가 이전보다 훨씬 좋아진 사실을 발견하였다. 우연의 가능성을 배제하기 위해 10개국 이상에서 시대별 IQ검사 결과를 모아 분석하였으며, 검사 결과 모든 나라에서 똑같은 경향을 발견하였다. 즉, 전 세계인의 IQ가 올라가고 있는 것이다. 다시 말해 유전자가 IQ를 결정하지 않는다는 것이다. 유전자는 결정되어 있는 상태가 아니며 양육을 통해 들어오는 단서들을 받아들여 청사진을 제시한다는 것이다. 인간의 인지와 행동은 유전자와 환경의 상호작용으로 변화하므로 유아를 둘러싼 환경 즉, 양육자와 교사의 역할비중이 다시 한 번 강조된다.

생각해 봅시다

「아기돼지 삼형제」, 「늑대가 들려주는 아기돼지 삼형제 이야기」, 「아기돼지 세 자매」, 「아기돼지 세 마리」, 「아기늑대 세 마리와 못된 돼지」, 「아기늑대 세 마리와 못된 돼지」 동화를 모두 읽고, 주체와 관계에 따라 달라지는 해석을 사회변화 관점에서 생각해보고, 교사로서 유아들에게 전달할 가치에 대해 이야기 나누어 봅시다.

한 번 더 읽어볼 만한 책

Winston, R. et al. (2006). **인간.** (김동광, 이용철 역). 서울: 사이언스북스.

참고문헌

김영옥 (2015). **유아사회교육**. 경기: 양서원.

김정기 (2019). **소통하는 인간, 호모 커뮤니쿠스**. 서울: 인북스.

뉴턴코리아 (2012). 여기까지 밝혀졌다-**뇌와 마음의 구조**-. 서울: 뉴턴코리아.

뉴턴코리아 (2013). 지능이란 무엇인가? 의식이란 무엇인가?-**지능과 마음의 과학**-. 서울: 뉴턴코리아.

박경자, 김송이, 권연희, 김지현 (2010). **영유아의 사회정서발달과 교육**. 서울: 교문사.

송형권 (2019). (4차 산업혁명, 뉴 비즈니스 시대의 신인류) **호모 커넥서스**. 경기: 호이테북스.

윤은영 (2018). **뇌에 관한 75가지 질문**. 서울: 학지사.

한성열, 한민, 이누미야 요시유키, 심경섭 (2015). **문화심리학-동양인, 서양인, 한국인의 마음**-. 서울: 학지사.

Arden, J. B. (2013). **당신의 뇌를 리셋하라**. (이종호, 박희관, 김관엽, 전명호, 황복진 역). 서울: 시그마북스. (원서 2010년 출판).

Bears, B. J., & Gage, N. M. (2010). **인지, 뇌, 의식**. (강봉균 역). 경기: 교보문고. (원서 2007년 출판).

Biehl, M., Matsumoto, D., Ekman, P., Hearn, V., Heider, K., Kudoh, T., & Ton, V. (1997). Matsumoto and Ekman's Japanese and Caucasian Facial Expressions of Emotion (JACFEE): Reliability Data and Cross-National Differences. *Journal of Nonverbal Behavior, 21,* 3-21.

Carter, R. (2007). **뇌 맵핑마인드**. (양영철 역). 서울: 말글빛냄. (원서 1998년 출판).

Caspi, A., & Shaver, P. A. (2006). *Personality development*. In W. Damon & R. M. Lerner (Eds.), N. Eisenberg (Vol. Ed.), *Handbook of child psychology, Vol. 3: Social, emotional and personality development* (6th ed., pp. 300-365). New York: Wiley.

Dunbar, R., Gamble, C., & Gowlett, J. (2016). (두뇌진화의 비밀을 푸는 열쇠)**사회성**. (이달리 역). 서울: 처음북스. (원서 2014년 출단).

Eliot, L. (2004). **우리 아이 머리에선 무슨 일이 일어나고 있을까?**. (안승철 역). 경기:

궁리. (원서 2000년 출판).

Goldsmith, H. H. (2002). Genetics of emotional development. In R. I. Davidson, K. R. Scherer & H. H. Goldsmith (Eds.), *Handbook of affective sciences*. New York, NY: Oxford University Press.

Heine, S. (2018). **유전자는 우리를 어디까지 결정할 수 있나**. (이가영 역). 서울: 시그마북스. (원서 2017년 출판).

Hubel, D. H., & Wiesel, T. N. (1970). The period of susceptibility to the physiological effects of unilateral eye closure in kittens. *Journal of Physiology, 206*, 419–1 1070 sp009022.

Kagan, D., & Fox, N. A. (2006). Biology, culture, and temperamental biases. In N. Eisenberg (Vol. Ed.) & W. Damon & R. M. Lerner (Series Eds.), *Handbook of child psychology* (6th ed., pp. 167–225). New York, NY: Wiley.

Kalat, J. W. (2019). **생물심리학**. (김문수, 박순권 역). 서울: 박학사.

Klaus, M. H., Kennell, J. H., & Klaus, P. H. (1995). *Bonding: Building the foundations of secure attachment and independence*. In M. H. Klaus, J. H. Kennell, & P. H. Klaus (Eds.), Menlo Park, CA: Addison–Wesley.

Puckett, M. B., & Black, J. K. (2005). *The young child: Development from prebirth through age eight* (4th ed.). Upper Saddle River, NJ: Prentice Hall.

Ridley, M. (2004). **매트 리들리의 본성과 양육**. (김한영 역). 경기: 김영사. (원서 2003년 출판).

Winston, R. et al. (2006). **인간**. (김동광, 이용철 역). 서울: 사이언스북스. (원서 2004년 출판).

CHAPTER 2

마음 읽기

마음

읽기

여는 글

'열 길 물속은 알아도 한 길 사람 속은 모른다.'는 속담이 있다. 이 말의 의미는 무엇일까? 아마 다른 사람의 생각이나 마음을 알고 싶다는 바람과 같은 알고자 하는 인간의 본능이 내포되어 있는 것이 아닐까 하는 생각이 든다. 그러나 다른 사람의 마음을 읽는다는 것은 단순한 능력이 아니며 쉽게 알 수 있는 것도 아니다.

사회 속에서 구성원이 어울려 살아가기 위해서는 사회적 상호작용이 지속적으로 이루어져야 하며 이를 위해서는 공감과 이해, 수용 등 사회적 능력이 필요하다. 상대가 내보내는 마음의 파장과 같은 비언어적 신호를 잡아내 상대의 감정변화를 느끼는 공감, 감정이입과 더불어 상대가 처한 사회적 환경을 인지하는 가운데 추론의 과정을 거쳐 상대의 생각과 감정 및 의도를 파악하는 것은 사회적 성공을 위해서도 필수적으로 갖추어야 할 요소라고 볼 수 있다.

우리는 흔히 TV프로나 소설, 다양한 이야기를 보고 듣고 하면서 자신도 모르게 눈물을 흘리거나 기뻐하거나 하는 등의 행동을 한다. '아 슬프겠다', '너무 힘들겠다', '정말 좋겠다'라는 마음은 왜 드는 것일까? 마음 읽기는 나는 당신의 상황을 알고, 당신의 기분을 이해한다는 것이다. 능력은 과연 어디에서부터 시작되는 것이며 어떻게 발달되는지에 대한 탐색이 지속적으로 이루어지고 있다. 또한 사회적 능력과 공감, 이해 및 수용과 같은 능력이 어떤 관련성이 있는지 이를 증진시키기 위한 연구도 다양하게 이루어지고 있다.

이에 이 장에서는 유아가 사회적 상호작용을 통해 활발하게 교류하고 사회적 능력을 발휘하는 데 필수적인 요인인 '공감', '이해' 그리고 다른 사람에 대한 '수용' 능력이 왜 중요한지에 대하여 이야기해 보고자 한다.

공감하는 인간:
호모 엠파티쿠스

다음은 예비유아교사들을 대상으로 '살면서 공감을 경험해 봤을 때'에 대한 브레인스토밍을 해 본 내용을 정리한 것이다.

공감의 순간!

노래가사를 듣고 딱 내 이야기구나 했을 때
드라마 속 주인공의 사연을 보고 슬플 때
친구가 힘들어했을 때
누군가의 무서운 이야기를 들었을 때
공부가 힘들어서 휴학을 하고 싶다는 친구 말을 들었을 때
엄마와 이야기하는데 '서로 의견이 달라 공감이 참 안 되네'라고 느낄 때
아침에 더 자고 싶어 첫 시간 수업 출석을 고민했다는 친구 말을 들었을 때
친구가 남자친구와 헤어져서 힘들어할 때
3교시부터 배가 고파 친구를 쳐다봤는데 편의점 가자는 친구의 신호를 봤을 때
점심 후 수업시간에 너무 졸려 꾸벅거리고 있는데 교수님께서 '자 오늘은 여기까지'라고 해 주실 때
교수님과 상담 중 '힘들었겠구나'라는 말에 '내 마음을 알아주시네'라고 느꼈을 때
모의수업하는 친구가 긴장하고 있을 때
우리 집 강아지가 아플 때

S대학교 유아교육과 3학년

위의 내용을 보면, 우리는 다양한 상황에서 공감 현상이 일어나고 있음을 알 수 있다. 공감의 순간은 일상생활 속에 늘 존재하는 것으로 대부분의 학생들이 이야기했던 것처럼, 어떠한 상황 속에 처한 다른 사람들이 느끼는 감정, 기분에 대하여 함께 아파하고 즐거워하는 감정이 깔려 있었다. 이는 사람들과 관계를 맺고 교류해 나가는 사회적 상황에서 매우 중요한 것으로 친밀한 관계를 유지하는 데 필요한 것이라고 볼 수 있다.

21세기를 대표하는 키워드: 공감

많은 학자들이 우리가 살아가는 21세기는 공감과 소통의 시대라고 말한다. 이는 타인의 마음을 읽고 이해하는 능력이 그 어느 때보다 중요한 시대가 된 것이라 할 수 있으며, 이 시대와 다음 시대를 살아가기 위한 최적의 방법이 공감적 태도임을 강조하는 다양한 콘텐츠들이 쏟아져 나오고 있다. 이들은 전쟁, 환경오염, 기후변화, 범죄, 자살, 폭력 등 전 인류가 겪고 있는 수많은 문제들이 공감의 부족으로 인해 발생하였음을 강조하면서, 이에 대한 해결책으로 공감의 필요성을 강하게 주장하고 있다(Gordon, 2010; Paul & Robert, 2010; Rifkin, 2010). 이렇듯, 다변화되는 사회 현상과 맞물려 공감적 태도의 중요성은 더욱 강조되고 있으며, 이 시대를 이끌어 갈 리더의 주요 덕목으로 거론이 되고 있다. 이에 유아기부터 공감교육의 중요성이 강조되고 있다(류지성, 2012; Krznaric, 2014).

공감이라는 개념은 19세기 후반 독일에서 처음 나온 말로 '안에'와 '느낀다'라는 말이 결합되어 '들어가 느낀다'라는 의미이다(최미경, 2016). 공감(共感)을 한자어로 해석하면 '감정을 공유한다'라는 뜻이다. 특수교육학에서는 공감을 다른 사람의 입장을 이해하여 같은 기분을 경험하거나, 타인에게 자신의 입장을 적절히 전달하여 상대방이 자신을 이해할 수 있도록 하는 능력(국립특수교육원, 2009)으로 정의하고 있다. 따라서 공감능력이란 유아가 자신의 감정을 이해할 뿐 아니라 타인의 감정과 입장을 알고, 그 입장에 서봄으로써 타인의 감정에 적절히 반응하는 능력이다(정하나, 2015). 또한 공감은 감정이입이라고도 한다. 공감은 타인의 감정과 심리상태를 '마치 나의 것처럼 느끼는 것'으로 다른 사람의 내면적 경험을 내가 함께 느끼고 인지하는 능력에 기초를 둔 정신 내적 현상이라고 할 수 있다(이희경, 김재환, 2001; 최미숙, 2010). 즉, 공감능력은 단순한 정서 차원뿐만이 아니라 인지, 정서, 의사소통 차원이 함께 작용하면서 상대방을 잘 이해할 수 있도록 돕는 관계 양식이다. 따라서 공감은 가능한 상대의 입장에서 바깥세상을 보는 과정과 두 사람이 서로 느끼고 의사소통하는 과정이 포함된 복합적 행동이라고 할 수 있다(Byant, 1982).

공감능력은 가정과 학교, 지역사회, 더 나아가 넓은 세계에서 따뜻한 인간관계를 맺기 위한 밑거름이 되며, 관계를 개선시키는 데 있어 핵심 열쇠로 작용한다(Gordon, 2010). 따라서 사회적 관계 형성 즉, 또래관계, 부모–자녀관계, 교사와 유아 관계, 부부의 관계, 상사와 부하직원 간의 관계 등 여러 측면의 인간관계에 있어 소통과 회복 그리고 치유의 핵심열쇠로 공감을 의미 있게 다루고 있다. 이처럼 다양한 분야에서 공감에 대해 초점을 맞추는 공통된 이유는 공감이 인간에게 소속감, 연대감 그리고 협력 및 공동체적인 시민정신을 길러줄 수 있기 때문이며 이러한 공감적 관계가 소통과 조화를 지속시켜 나가는 사회적 힘이 될 수 있기 때문이다(Howe, 2013).

세계적인 미래학자인 리프킨(Rifkin, 2010)은 인간의 공감에 대한 인식과 공감능력 증진은 유아기부터 출발해야 함을 주장하면서 공감의 유아교육적 접근을 강조하고 있다. 유아기는 사회성 발달과 더불어 사회적 관계 형성의 결정적 시기이다. 공감능력은 개인의 인간관계에 대한 풍요로움과 이타심의 근간이 되기에 유아가 사회적 능력을 발휘하면서 유능한 사회의 구성원으로 성장하는 데 중요한 요인이 된다. 유아기에 공감교육을 실시해야 하는 이유에 대하여 여러 학자들이 제시하고 있는데, 하우(Howe, 2013)는 유아기가 또래집단관계를 경험함으로써 감성지능을 익히고 사회적 능력을 발달시킬 풍부한 기회를 제공받을 수 있으므로 공감적 능력을 기르기에 최적의 시기라고 하였다. 또한 크즈나릭(Krznaric, 2014)은 공감은 인류의 공통적 특성으로 인간의 두뇌 속에서 아주 어릴 때부터 개발된다고 밝혔으며, 크링겔바흐와 필립스(Kringelbach & Philips, 2014)는 만 2~3세 정도의 유아도 자기 관점 외에 다른 관점을 상상할 기초적 능력을 가지고 있다고 주장하였다. 이와 같은 연구자들의 제안은 유아기 공감능력의 발달이 왜 중요한지, 그리고 유아들을 대상으로 한 공감교육의 필요성을 암시하는 것이라 하겠다.

그렇다면, 공감을 교육한다는 것은 무엇을 의미하는 것일까? 공감한다는 것은 나뿐만 아니라 다른 대상이 존재해야 한다는 것이고 이는 사회적 능력에 있어 중요한 요소가 된다는 것을 의미한다. 따라서 유아들에게 보다 풍부한 공감능력을 증진시키기 위해서는 가정과 유아교육기관, 그리고 지역사회와의 연계를 통해 나, 친구, 가족, 이웃에 대해 생각해 보고 아름다운 관계를 맺을 수 있는 다양한 놀이와 활동이 이루어질 수 있는 환경을 제공해야 한다.

공감능력은 타고나는 것인가? 거울 뉴런(mirror neuron)

사람의 공감능력은 언제부터 발달되는 것일까? 이에 대한 해답을 주는 연구들이 있다. 멜조프(Melzoff, 2003)는 생후 몇 시간에서 며칠밖에 되지 않은 영아가 적당한 거리에 떨어져 있는 사람의 특정 인상에 대해 어떠한 반응을 보이는지에 대하여 연구한 결과, 즉각적인 모방이 이루어짐을 발견하게 되었다. 이는 영아가 모방이라는 능력을 통하여 상대와 최초의 인간관계를 맺을 수 있음을 입증한 것이다. 영아가 즉각적 모방이 가능한 이유는 우리 뇌 속에 신경생리학적 장치가 이미 시스템화되어 있기 때문이다. 이는 인간이 태어나면서부터 기본적으로 감정적 측면뿐만 아니라 신경생물학적으로도 거울 반응을 하고자 하는 욕구를 가지고 있음을 설명하는 근거가 된다. 즉, 인간은 거울효과를 이용하여 상대방과 부호를 교환하게 되면서 최초로 사회적 연대감이라는 기본적 감정을 직감적으로 획득할 수 있다는 것이다(Insel, 2003; Bauer, 2006). 거울 시스템의 발달은 모델이 되는 대상의 모든 것을 관찰할 수 있으며, 타인과 상호작용을 하면서 인간의 행동양식을 연습하는 데 영향을 받게 된다. 이때, 신경세포들 사이에 새로운 연결고리가 지속적으로 만들어지며 이러한 과정을 거쳐 거울 시스템도 점차 확장된다. 이는 영아가 훗날 성장하여 타인의 행동과 입장에 대한 직감적 이해가 가능하게 됨을 의미하며, 두세 살가량의 어린 아이도 자기 관점 외에 다른 관점을 상상할 기초적 능력을 가지고 있음을 의미한다(Kringelbach & Philips, 2014; Bauer, 2006). 즉, 공감능력은 타고나는 것이며 우리 두뇌 속에서 어릴 때부터 발달해 나간다(Krznaric, 2014). 따라서 유아기에 거울 신경세포는 이미 뇌 속에 준비되어 있으며, 방해요인이 작용하지 않는다면 저절로 작동하여 공감능력의 발달이 이루어질 수 있다. 다음은 네이버 지식백과 〈생활 속의 심리학〉의 내용을 부분 발췌, 각색한 것이다.

거울 신경세포의 발견

이탈리아의 저명한 신경심리학자인 리촐라티(Giacomo Rizzolatti) 교수와 동료들은 원숭이에게 다양한 동작을 시켜보면서 뇌의 뉴런이 어떻게 활동하는가를 연구하고 있었다. 어느 날 리촐라티 교수는 매우 흥미로운 사실을 발견했다. 그 내용은 바로 한 원숭이가 다른 원숭이나 주위 사람의 행동을 보기만 하고 있는데도 자신이 움직일 때와 마찬가지로 반응하는 뉴런들이 있다는 것이었다. 내가 어떤 행동을 직접 할 때와 내가 그것을 직접 경험하지 않고 보거나 듣고만 있을 때도 같은 반응을 하는 뉴런이 있다는 것은 무슨 의미일까? 거울 뉴런은 뇌의 어느 한 곳이 아닌 여러 곳에 분포하고 있지만, 핵심적 기능은 동일하다. 거울 뉴런은 관찰 혹은 다른 간접경험만으로도 마치 내가 그 일을 직접 하고 있는 것처럼 반응한다는 것이다. 그렇다면 거울 뉴런은 왜 존재하는 것일까? 그것은 인간은 혼자 살아가지 못하는 사회적 존재로 다른 구성원들과 함께 생활해 나가야 하기 때문이다. 따라서 타인의 의도를 파악하고 공감하는 능력이 필요한 것이다.

거울 뉴런(mirror neuron)

- 모방과 관찰학습의 신경적 기초
- 특정 행동을 수행하거나 다른 유기체가 동일 행동을 수행하는 것을 관찰할 때 발화
- 사람에게는 공감과 모방을 지원하는 거울 뉴런 시스템 존재–마음 이론을 이끌어냄, 정서 전이
- 뇌의 거울 뉴런은 사회성의 기초

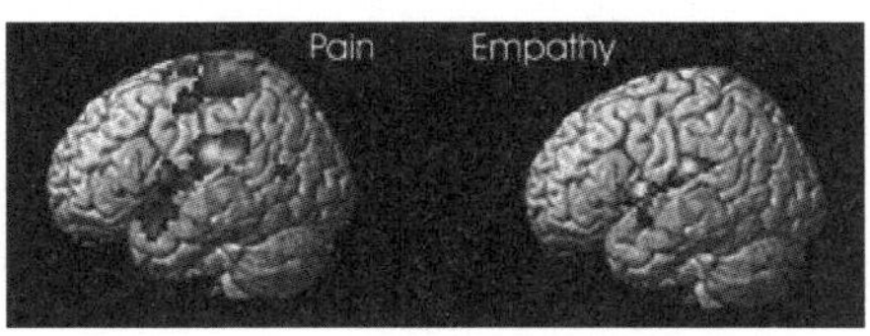

인간과 매우 근접한 영장류인 원숭이들의 거울 뉴런은 주로 운동을 담당하고 있는 뇌에서만 발견되었다. 이는 원숭이들은 단순한 행동의 모방은 가능하나, 고차원 행동의 모방은 불가능하다는 의미이다. 이와 달리, 인간의 뇌에서는 거울 뉴런이 다양한 곳에서 활동하고 있으며 '같이 느끼고 따라 하기'를 가능하게 만들어주는 뉴런, 즉 세포가 있다는 것은 참으로 신기하고 놀라운 일이다.

공감은 어떻게 발달되는가?

인간은 연령이 증가함에 따라, 시간이 지남에 따라 발달의 변화를 겪는다. 공감능력도 마찬가지로 연령이 증가하면서, 인지가 발달하면서 더욱 발달된다고 볼 수 있다. 데이비스(Davis, 1980)는 공감을 다차원적 복합개념으로 보았으며, 공감의 구성요소는 인지적 요소인 관점 취하기, 상상하기와 정서적 요소인 공감적 관심, 개인적 고통으로 분류하였다. 유아기는 아직 미분화된 조망단계이지만 3세부터 점차적으로 연령이 증가됨에 따라 자기중심성에서 벗어나 타인의 정서 상태를 수용하는 공감능력이 발달되어 감을 알 수 있다. 호프만(Hoffman, 1978)은 정서와 인지적 능력이 결합된 공감능력의 발달수준을 4단계로 나누고 그 특성을 제시하고 있다. 커먼스와 체스터(Commons & Chester, 2002)는 영유아기를 포함한 전 생애에 걸쳐 열세 단계로 공감발달의 단계를 제시하기도 하였다. 표 2-1 은 호프만(Hoffmans,

1978)이 제시한 공감능력 발달 특성이다.

표 2-1 공감발달 수준에 따른 영유아의 공감능력 발달 특성

발달 수준	연령	공감발달 특성
전반적 공감 (global empathy)	0~12 개월	• 모방, 고전적 조건화 등의 비자발적, 무의식적 유형의 공감이 발생함 • 공감한 것을 인식하지 못함 • 타인의 고통에 대한 공감이 수동적이고 비자발적 수준임 • 타인의 고통을 목격한 후 공감적 고통의 반응 보임 • 넘어져 우는 아이를 보고 자신도 욺
자기 중심적 공감 (egocentric empathy)	만 1~2세	• 대상 영속성 개념을 획득하고 자신과 타인을 분리된 실체로 지각함 • 자신과 타인을 분리해서 지각함 • 타인의 내적 상태에 대해 정확히 인식하지 못함 • 타인의 마음이 자신과 같을 것이라고 단순하게 추측함 • 타인의 어려움에 대해 자신의 내적 감정에 비추어 반응함 • 곤경에 처한 타인에게 부적절한 도움을 제공함 • 넘어져 우는 아이를 자신의 엄마에게 데려다 줌
타인의 감정에 대한 공감 (empathy for another's feeling)	만 2, 3~10세	• 타인의 감정이 나와 다르며 각자 상이한 욕구와 감정을 가지고 있음을 인식함 • 언어습득으로 인해 상징적 의미에 대한 해석능력을 기르게 됨 • 타인의 정서에 대해 넓은 범위에서 공감할 수 있음(만 6세 이후) • 역할채택기술의 획득으로 타인에게 적절한 도움을 줄 수 있음
타인의 삶의 조건에 대한 공감 (empathy for another's life condition)	만 11세~성인	• 타인의 독립된 정체성을 인정함 • 즉각적 상황이 아닌 인생 전체의 큰 맥락 안에서 타인의 다양한 감정, 느낌을 인식함 • 가장 발달한 형태의 공감이 이루어짐 • 세련된 역할채택기술의 획득으로 타인 삶의 연속적 면을 고려함

출처: 정하나(2015).

공감능력의 발달은 인종, 문화, 민족, 사회계층, 연령, 성에 따라 다르지 않고 보편적으로 나타난다(Gordon, 2010). 문자를 사용하지 않는 뉴기니 부족의 연구(Ekman, Sorenson & Friesen, 1969) 결과에서도 얼굴에 드러난 수많은 표정을 미국, 브라질, 일본의 피험자와 같은 방식으로 식별함을 통해 인간의 감정표현이 보편적임을 밝혔다(정하나, 2015). 즉, 겉으로 드러난 타인의 행동에 담긴 의미를 그의 내적 마음현상과 연관 지어 이해하고자 하는 인간의 욕구는 보편적인 현상임을 알 수 있다. 공감은 적절한 사회적 환경, 적절한 양육방식을 통한 공감의 인지적 · 정의적 요소의 계발을 통해 발달된다.

유아교육에서 공감능력을 발달시키기 위한 다양한 연구들(문지영, 김창복, 2018; 송서정, 2019; 서현, 선현아, 박미자, 2014; 이은경, 2017; 임영숙, 김영옥, 2018; 정하나, 2015)을 살펴보면, 극화놀이, 그림책 활용, 공감적 이해에 기초한 프로그램, 통합적 예술활동 등 다양한 활동을 통해 공감능력의 발달이 이루어질 수 있음을 알 수 있다. 이러한 활동들은 주로 다른 사람의 입장을 생각해 보고 마음과 감정을 공유해 보는 내용이 포함되어 있으며, 이러한 상호작용의 경험이 유아의 공감능력을 발달시켜 줄 수 있음을 알 수 있다.

나에 대한 이해: 자기이해지능

성공한 이들의 한 가지 공통점: 자기이해지능

김연아와 강수진의 공통점은 뛰어난 운동신경만이 아니다. 자신이 무엇을 원하는지, 목표에 도달하기 위해서는 어떻게 해야 하는지 잘 파악하고, 끊임없이 자신을 채찍질하는 태도, 바로 뛰어난 자기이해지능이 진정한 공통점이다.

타인과의 관계 형성은 나로부터 시작된다. 나에 대한 이해는 무엇일까? 유아들에게 '나는 무엇일까'라고 물어보면 '나는 나예요'라고 말하거나 '나는 김○○이에요', 혹은 '나는 키가 커요'라는 등의 이야기를 한다. 그렇다면, 유아들은 자신에 대하여 어떻게 이해하게 될까?

자기이해지능은 가드너(Gardner)의 다중지능이론 영역 중 한 영역으로 개인이해지능 또는 자기성찰지능이라고도 말한다. 자기이해지능은 자기 자신에 대한 객관적 이해 및 지식과 그에 기초하여 잘 행동할 수 있는 능력을 의미하는 것으로, 이 정의 안에는 다양한 감정을 이해하고 다른 사람과의 관계에서 자신을 이해하고 높은 수준의 사고와 추리를 하는 능력이 포함된다(이민주, 2004). 자기이해지능이 높은 사람은 자신을 위한 진지하고 정확한 삶의 목표를 세운다. 그리고 그 목표가 자신의 삶 안에서 효과적인 작용을 할 수 있도록 노력한다. 다시 말해, 자기이해지능은 자신에 대한 정확한 이해를 바탕으로 자신의 인생을 계획하고 조절할 수 있는 능력으로 모든 지능을 활성화하는 핵심적 지능이라 할 수 있다. 또한 개인이 자기 자신을 이해할 수 있도록 자아감을 통해 개인과 개인을 연결시켜 나가고 내면의 요소들을 서로 결합시키게 된다(이민주, 2014). 따라서 또래와의 관계에서 갈등으로 인하여 상처를 받았을 때도 단순히 '친구가 저렇게 말해서 기분이 나쁘다'라고 인식하고 끝나는 것이 아니라 상처 받거나 좋지 않은 기분을 푸는 여러 방법을 찾아내고, '다음 번에 그런 일이 없도록 해야지… 그러기 위해 이렇게 해야겠다'라는 방식으로 자신에 대한 긍정적인 조절을 해 나가게 된다.

4차 산업혁명 시대에는 다른 사람들과 원활한 사회적 관계를 형성하고 편견 없이 함께 일할 수 있는 인간이 더욱 요구된다. 자기이해지능의 최종 목표는 자신과 사회에 대해 폭넓은 이해를 토대로 생산적인 삶을 살도록 하는 것이며, 고도의 자아감을 형성하는 것이다. 자기이해지능은 다른 지능의 발휘를 돕는 일종의 지능의 지능, 즉 메타지능이라 부를 수 있다. 자기이해지능은 그 자체로서는 뚜렷한 능력 발휘의 징표가 되지는 않지만 다른 지능과 결합함으로써 그 지능을 크게 발휘시키는 일종의 촉매제나 효소 같은 역할을 한다고 볼 수 있다. 자기이해지능을 강화하는 활동으로는 반성적 사고, 메타인지 기술, 사고전략, 정신집중기술, 고도의 추론, 자아 인식, 목적

인식, 감정 관리, 행동 관리 등이 있다(이민주, 2014). 자기이해지능의 구성요소는 자기이해, 자기조절, 자기설계로 이는 인지적 요인과 기능적 요인을 포함하고 있다. 다음 표 2-2 는 자기이해지능이 어떻게 구성되어 있는지를 보여주는 것이다.

표 2-2 자기이해지능의 구성요소

구성요소	정의	인지적 요인	기능적 요인
자기이해	자기정서 및 능력에 대한 인식과 정서 활용 능력	정서와 능력을 인식하는 능력	정서를 적응적으로 활용하는 능력
자기조절	상황판단을 바탕으로 한 정서와 행동의 조절 능력	상황에 따른 행동조절을 위한 판단 능력	정서와 행동을 조절하는 충동 통제 능력
자기설계	자신의 목표를 설정하고 목표 성취를 위한 동기화 능력	나의 미래를 위한 목표 설정 능력	목표 성취를 위한 성취 동기화 능력

출처: 권오정(2008).

자신에게 긍정적이고 사랑하는 마음을 가진 사람은 다른 사람도 긍정적으로 바라보고, 소중한 존재로 받아들인다. 자기이해지능이 뛰어난 사람은 공부를 하거나 다른 무언가를 배우는 등 어떤 행동을 할 때, 자신이 해야 하는 이유와 의도가 분명하기 때문에 적극적으로 파고든다. 자신의 장점을 잘 알고 있는 만큼 단점 역시 잘 파악하고 있기 때문에 무엇을 고쳐야 할지 알고, 어떻게 해야 자신에게 맞는 방법으로 발전할 수 있을지에 대해 알고 있다. 자신에게 맞는 방법을 잘 파악할 수 있기에 같은 일을 하더라도 남들보다 좋은 성과를 내고 그 과정에서 자신감을 갖게 된다. 때때로 난관에 부딪히거나 실패를 해도 크게 실망하거나 좌절하기보다는 '잘할 거야'라고 생각하는 도전의식 또한 강하다. 그러므로 진지하게 미래를 설계하게 되고, 삶의 목표를 위해 최선을 다하게 된다. 자기이해지능이 높은 사람들은 인간친화지능 또한 높다고 한다. 즉, 자기이해가 높은 사람은 자신을 긍정적인 시각으로 바라보고 나아가 다른 사람도 긍정적인 시각으로 바라보게 되고 가치 있는 존재로 받아들이므로, 자신에 대한 이해가 사회적 능력의 매우 중요한 기초가 된다고 볼 수 있다.

자아개념과 자아존중감: 사회성 발달의 주춧돌

자아감

모든 개인이 자신을 위해 창조해내는 가장 경이로운 인간의 발명품 중 하나

Garder(2007); 윤인애(2012) 재인용.

자아 인식은 자아개념의 가장 기초적 수준으로 자신과 타인이 별개의 존재임을 알고 서로 구분할 수 있는 능력을 말한다. 자아개념 발달과정의 첫 단계에서는 우선 영아가 자신이 다른

사람과 분리되어 있다는 것을 인식하고 어머니의 신체와 자신의 신체가 다르다는 것을 알게 된다. 영아 초기에는 만지고, 빨고, 당기고, 보고, 듣는 행동을 통해 많은 자아 탐색을 하게 되고 이러한 행동을 통해 초보적으로 신체와 신체가 아닌 것을 알게 되며 무엇보다 자아개념과 신체 각 부분의 역할을 알게 되는데, 이처럼 영아의 자아개념이란 자아 인식이 성립되는 것이라 할 수 있다(김영옥, 2014).

긍정적 자아개념은 건전한 인생 발달의 기본 요소가 되며 이는 사회적으로 유능한 개인으로서의 성장과 행복 성취를 위한 요소로 작용한다는 점은 여러 연구(김영옥, 2004; 이진희, 2015; 지성애, 김승희, 2010)에서 밝혀지고 있다. 이러한 자아존중감은 자아개념의 한 요소로서 사회적 능력에 있어 필수적인 요소라고 할 수 있다. 자아존중감에 대하여 카겐, 무어와 브레데캄프(Kagen, Moore, & Bredekamp, 1995)는 '사회 · 정서 발달의 주춧돌'이라는 표현을 하기도 하였다(신그린, 2016 재인용). 자아존중감에 대하여 지성애와 김승희(2010)는 일생을 살면서 느끼는 행복감의 전제 조건 중 하나라고 표현하기도 하였고, 유아기 때의 자아존중감은 미래의 삶과 정서적 행복을 추구하는 데 결정적 영향을 미치며, 생산적이고 성공적인 삶을 영위하는 데 발판을 마련해 주는 중요한 요인이기에 이를 증진시킬 필요가 있다고 강조하였다(김세정, 2016). 또한 이진희(2015)는 인간발달에 있어서 자신과 타인에 대한 태도 또는 행동 특성에 영향을 미치는 결정적 요인으로서 자아존중감의 필요성에 대해 밝힌 바 있다.

그만큼 유아의 자아존중감은 사회적 능력의 발달에 결정적인 역할을 한다는 것을 의미한다.

아동 초기의 자아존중감은 주로 학교와 친구관계를 중심으로 평가되는 반면 아동 후기에 이를수록 자녀가 지각하는 부모와의 관계가 결정적 요인으로 작용하게 된다. 이처럼 유아의 자아존중감은 고정된 것이 아니라 발달 단계에 따라 그 상황에서 좀 더 밀접하게 관련을 맺고 있는 사람들과의 상호작용을 통해 주로 결정된다(김영옥, 2014). 따라서 유아의 자아존중감 증진을 위해 자신에 대한 긍정적 인식 형성에 도움이 되는 다양한 활동과 환경, 그리고 친구, 교사, 부모와의 상호작용에서 유아 개개인이 그 자체로 존중받고 수용될 수 있도록 해야 할 것이다.

타인에 대한 이해: 마음이론

우리는 일상생활 속에서 많은 대화를 나누고 있으며, 겉으로 관찰될 수 없는 인간의 내면적 정신상태에 대해서도 많은 이야기를 나눈다. '정말 나도 이거 하고 싶은데…', '너의 생각은 어때?', '네가 그것을 좋아할지 정말 몰랐어!' 등 인간의 바람이나 감정, 생각, 믿음과 같은 정신상태에 대한 표현은 우리의 일상생활 속에서 빈번하게 이루어지고 있다. 이는 유아들의 생활 속에서도 마찬가지로 나타난다. 유아들의 일상적인 놀이 상황이나 대화를 관찰해 보면, 자신과 친구의 바람, 믿음, 의도 등과 같이 눈으로는 보이지 않는 다양한 정신세계를 의미하는 단어들을 빈번하게 사용한다(Brown, Donelan-McCall, & Dunn, 1996). 유아들은 어린 시기부터 '~을 원하다', '~을 믿다', '~을 생각하다' 등과 같은 인간의 마음상태를 지칭하는 특정한 언어를 사용하면서 다른 사람의 정신세계와 관련된 대화들을 빈번하게 나눌 수 있게 된다. 이러한 대인 간 상호작용 속에서 보여지는 사고체계가 있는데 학자들(Flavell, Miller, & Miller, 2003; Premack & Woodruff, 1978; Wellman, 1990)은 이러한 사고체계를 마음이론이라고 지칭하였다. 마음이론(theory of mind)은 유아가 인간 행동의 기저에 보이지 않는 마음상태가 있음을 이해하고, 자신과 타인의 욕구나 신념, 생각들이 행동과 관련되어 있음을 이해하는 사고체계를 의미한다(Flavell, Miller, & Miller, 2003). 마음이란 뇌의 작용으로서 우리 눈에 드러난 행위, 발언 그 자체를 지칭하므로 다른 사람의 행동을 보고 그 사람의 마음상태를 이해할 수 있는 관찰 가능한 것이라 할 수 있다.

그렇다면, 유아들은 발달적 단계상 타인의 마음을 언제부터 이해할 수 있을까? 마음상태에 대한 기초적인 이해는 만 2~3세경 나타나는데 이 시기 유아들은 마음이론의 구성요소 중 바람 지각 및 정서와 같은 기본적인 마음상태를 이해하게 된다(Wellman & Woolley, 1993). 웰만(Wellman, 1990)은 유아의 마음상태에 대한 이해는 점차적으로 발달하여 3세 이전의 유아들은 주로 바람에 근거하여 자신이나 타인의 행동을 해석하는 경향을 보이며 3세 이후에는 단순한 상황에서 믿음에 근거한 행동을 이해하기 시작하지만 여전히 모호하거나 어려운 상황에서는 바람에 근거해 이해한다고 하였다. 마음이론 연구에서 가장 많이 다루어진 믿음에 대한 이해는 만 4세경에 이루어지며(Wellman et al., 2001), 이 시기에 틀린 믿음이 행동을 이끌 수 있다는 것을 이해하게 된다(송정, 2008; Callaghan et al., 2005). 틀린 믿음에 대한 이해는 믿음이 실제와 다를 수 있으며 실제보다는 믿음에 근거하여 행동하는 것을 이해하는 것을 의미한다. 틀린 믿음에 대해 이해하기 위해서는 타인이 실제를 어떻게 표상하였는지 자신의 마음에 재표상할 수 있는 상위표상능력이 획득되어야 한다(Flavell et al., 2002; Gopnik & Astington, 1988; Perner & Lang, 1999; Wimmer & Perner, 1983). 만 4세 이후에는 행동에 있어 믿음의 중요성이 더욱 강조되며 의도한 결과와 우연적인 결과에 대한 판단이 가능해진다(Astington & Gopnik, 1991; Perner et al. 1987). 표상능력은 6세 이후에도 계속 발달하며 연령의 증가에 따라 고차순위 표상으로서의 마음을 더 잘 이해하게 된다(Flavell, 1988). 그리고 다른 사람의 생각에 대해 잘못 알고 있는 사람의 틀린 믿음을 표상할 수 있는 이차순위 틀린 믿음에 대한 이해도 발달한다(Astington, Pelletier, & Homer, 2002). 이렇듯 마음이론은 유아기 동안 급격하게 발달하며 유아기 이후에도 계속해서 정교화되며 발달해나간다.

마음을 이해하는 것은 다른 사람과 사회적 관계를 형성하고 유지할 때 생기는 문제를 해결하기 위한 열쇠가 된다(정영선,

2005). 클락(Clark, 1983)은 마음이론이 상대방의 정신 상태를 이해할 수 있게 해 주고 다른 사람의 행위를 설명, 예측할 수 있으므로 유아의 성공적인 사회적 상호작용에 중요한 역할을 한다고 보았다. 캐시디 등(Cassidy et al., 2003)은 유아가 마음이해기술을 통해 더 정교한 놀이기술을 갖게 되고 그 결과 또래로부터 선호되고 상호작용의 양이 증가한다고 하였다. 따라서 공감적 이해에 기초한 교육적 접근은 유아가 타인의 감정을 이해하고, 자신의 감정을 조절하여 타인의 관점에서 역할 수행을 해 볼 수 있는 기회를 제공하는 것이라고 할 수 있다. 타인의 마음을 이해하는 능력은 인간이 선천적으로 가지고 태어나는 고유의 능력이지만 이러한 능력이 발달되고 향상되기 위해서는 사회적 경험의 중요성 또한 강조됨을 알 수 있으며 이를 통해 사회적 능력도 향상될 수 있다.

조망수용능력: 역지사지능력

조망수용능력은 무엇인가?

공감이 상대의 마음이 되어보고, 느껴보고, 이해하는 것이며, 타인에게 발생한 감정을 자신의 감정으로 인식하고 받아들이는 것(김영옥, 2004)이라고 볼 때, 공감적 이해는 다른 사람이 느끼는 감정을 자신의 것처럼 느끼고(Bridgeman, 1981), 자기중심성에서 벗어나 타인의 감정을 취하고 그의 입장이 되어보는 조망수용(perspective taking)능력이 선행되어야 가능함(임영숙, 김영옥, 2018; 노점순, 1998)을 알 수 있다. 그러기에 공감능력을 유발하는 인지적 요인 중 하나가 조망수용능력이라고 할 수 있다.

조망수용(perspective taking)능력은 자기중심과는 반대되는 개념으로, 자기중심성에서 벗어나 타인의 입장에서 사건과 사물을 인식하고 이해하는 능력이며 다른 사람의 마음과 생각, 느낌을 판단하여 그 사람의 입장을 이해하고 받아들이는 사회인지능력이다(Flavell, 1977). 이는 사회적 대인관계능력인 타인의 생각, 느낌, 기대, 목적, 그리고 잠재적 반응 등을 추론하여 외부로 나타낸 것이라 할 수 있다. 조망수용능력은 사회적 관계를 이해하는 능력 중 하나라고 할 수 있으며, 대인관계를 형성하고 사회생활에 적응하는 데 필요한 부분이라 할 수 있다. 조망수용을 유아들이 이해하기 위해서는 첫째, 대인지각(other perception), 즉 인간 자체로서 타인에 대해 이해하고, 둘째, 타인의 행동 의미를 이해하는 기본적인 두 가지가 필요하다.

조망수용능력은 피아제(Piaget)의 탈중심화 개념에 근원을 둔 것으로 조망수용의 발달은 자기중심성을 극복하고 다른 사람의 기대나 생각을 추론하여 이에 적절하게 자신의 행동을 통제하여 사회적 상호작용을 유지하고 조절할 수 있게 해 준다(Dixon & Moore, 1990; Piaget, 2000). 즉, 사회인지능력을 통해 유아는 사회적 사건이나 상황, 다른 사람의 마음을 이해하고 추론함으로써 그들의 생각이나 행동을 예측하고 이에 적절하게 대응할 수 있는 능력을 갖추게 된다.

유아는 자기중심성에서 벗어나 타인의 입장, 감정, 의도 등을 추론할 수 있어야 원만한 사회적 관계를 이루어 나갈 수 있기 때문에(Piaget, 2000) 유아의 조망수용능력은 사회적 상호작용을 위한 선행 요인이 될 뿐만 아니라 상호작용을 통해서 발달하기도 한다. 유아의 조망수용능력은 영아기 공동주의와 사회적 참조를 통해 경험한 상호 호혜성(reciprocity)과 일치(matching)기술을 토대로 발달한다(김언경, 2015). 상호작용을 통해서 유아는 타인의 행동이 예측 가능하고 자신과 유관적이라는 것을 경험하게 된다(Flavell et al., 2003). 이런 상호작용에서 상호 호혜성은 서로를 거울처럼 비춰 주고 메아리처럼 되울려 줌으로써 우리라는 유대감을 강화시킨다(Music, 2011). 즉, 상호 호혜적인 상호작용을 통해서 유아는 상대방이 자신의 의도나 목적에 따라 유관적으로 행동하고 반대로 상대방의 의도나 행동에 자신이 맞추어서 반응을 하게 되는 상호적인 유관성을 알게 된다. 그리고 유아는 상호작용을 통해서 감정과 행동을 일치시킬 기회를 갖는다. 유아는 다른 사람과 상호작용을 하면서 상대방의 행동을 통해 타인의 마음이 존재한다는 것을 인지하기 시작한다. 이런 마음에 대한 지각과 이해는 상대방의 마음과 나의 마음이 만남으로써 서로 공유할 수 있으며 마음 간의 연결은 사회적 기술의 발달과도 연관된다(Flavell et al., 2003). 그래서 유아의 조망수용능력은 다른 사람과의 상호작용에서 역할이나 관점을 비교하고 변별하는 가운데 생겨나며 사회적 능력을 위한 요인이 된다.

유아는 영아보다 성숙한 인지적 전략을 가지고 있어서 상호작용에서 주의를 기울이지 않는 성인의 관심을 끌기 위해 복잡하고 정교한 주의환기 전략을 사용할 수 있으며 주도적이고 정교한 대화를 이끌어 낼 수 있다(Harrist & Waugh, 2002). 유아기는 사람이 의도를 가진 존재임을 이해하고 타인의 입장에서 상상할 수 있다는 것을 지각하게 된다. 이는 상호작용의 지속성과 연관이 될 수 있는데 타인과 주고받는 의사소통적 상호작용을 위해서는 상대방의 관점이나 입장과 바꿔 생각해 보는 능력이 수반되어야 한다(Flavell et al., 2003). 따라서 유아들이 사회적 관계를 잘 형성할 수 있도록 타인의 관점이나 입장에서 생각하고 행동해 볼 수 있는 다양한 환경과 놀이 등이 제공되어야 할 것이다.

조망수용능력의 발달 단계 및 유형

조망수용능력은 피아제(Piaget)에 의해 처음 언급되었지만, 셀만(Selman)이 구체적인 발달단계를 제시하였다. 피아제는 탈중심화가 이루어져야 타인에 대한 조망이 가능해진다고 보았으며 7세 이전의 유아는 아직 자기중심적 오류를 범한다고 하였다. 하지만 최근 연구들(이경님, 2000; 정덕희, 김은주, 2009; 한유진, 강민정, 단국현, 2006; Flavell et al., 2003)에서 이보다 더 이른 시기에 유아의 조망수용능력이 나타나고 있음이 밝혀지고 있다. 셀만(Selman)은 사회적 조망수용능력 발달 단계를 표 2-3 과 같이 제시하고 있다. 이를 살펴보면 다음과 같다.

표 2-3 셀만(Selman)의 사회적 조망수용능력 발달 단계

0단계(3–6세): 자기중심적 관점수용단계(egocentric viewpoint)

• 자신과 타인을 구분할 수 있으나 자신과 관점이 다름을 이해하지 못함
• 자아중심적 사고가 강하여 타인도 자신의 견해와 동일하다고 생각함
• 자신의 경험을 토대로 일반화함

1단계(6–8세): 주관적 조망수용단계(social-information subjective perspective taking)

• 동일한 상황에 대해 사람마다 다른 견해를 가지고 있다는 것을 이해함
• 여전히 자기중심적인 경향, 타인의 입장을 자신의 입장에서 이해하려고 함
• 타인의 관점을 통하여 자신의 행동을 평가하는 것을 어려워함

2단계(8–10세): 자기반성적 조망수용단계(self-reflective perspective taking)

• 사람들이 각자 자신만의 특유한 가치 혹은 동기를 가지고 있기 때문에 서로 다르게 생각한다는 것을 인지함
• 다른 사람이 자신의 행동에 대해 어떻게 생각하는지를 알고, 다른 사람이 자신의 관점을 수용할 수 있다는 것을 인지함
• 자기중심적인 반응을 잘 보이지 않음

3단계(10–12세): 제3자적 상호적 조망수용단계(mutual perspective taking)

• 자기와 타인의 조망을 각각 이해할 수 있음
• 타인과의 관계 및 상호작용에서 발생하는 문제에 대해 제3자의 입장에서 객관적으로 생각함
• 한 사건에 대한 견해가 다르고 다른 관점을 틀렸다고 생각하지 않음

4단계(12–15세): 사회적 조망수용단계(social and conventional system perspective taking)

• 사회체계를 사회의 많은 구성원이 공유하는 견해의 결과라고 생각하기 시작함
• 전체 사회체계의 조망을 이해하는 최상의 사회인지능력을 획득함

조망수용능력은 공간조망수용, 인지조망수용, 정서조망수용능력으로 구분된다(Hudson, Forman, & Brion-Meisels, 1982). 이 중에서 인지조망수용능력과 정서조망수용능력은 사회적 상황에서 다른 사람의 관점, 의도와 감정을 조망하는 능력으로 이를 통해서 유아의 사회인지능력을 살펴볼 수 있다.

우선 인지조망수용능력은 다른 사람의 행위 속에 담긴 의도와 사고과정을 인지하고 추론, 평가하는 능력을 말한다. 인지조망수용능력은 타인의 의도를 조망하는 능력, 타인의 사고를 조망하는 능력으로 이루어지는데, 타인의도 조망수용은 타인의 행동에 담긴 의도가 무엇인지를 추론하는 것이다. 타인사고조망수용은 타인의 생각, 상황, 사건에 대해서 다른 사람이 알고 있는 지식, 믿음을 추론하는 능력이다(Hudson et al., 1982). 유아의 조망수용능력은 다른 사람과의 상호작용이나 정보 교환, 역할 비교하기와 같은 활동을 통해 생겨난다(LeMare & Rubin, 1987).

정서조망수용능력은 다른 사람의 정서를 인식하고 자신의 정서가 아닌 상대방의 정서에 기초하여 이해하며 반응하는 능력으로(Underwood & Moore, 1982) 다른 사람이 느끼는 정서를 이해하고 인식하는 것과 다른 사람의 감정에 대해 대리적 반응을 하는 것으로 구별된다(Shantz, 1983). 이 중 다른 사람의 감정에 대한 대리적 반응은 상대방의 입장이 되어 감정을 상상하고 느끼는 것으로 정서적 측면에 초점을 두고 있다. 조망수용능력은 이전에는 타인의 감정을 어떻게 인식하는지에 대한 인지적 측면이 강조된 반면, 최근에는 정서적 측면도 함께 강조되고 있다(Hinnant & O'Brien, 2007). 정서조망수용능력의 정서적 측면인 감정이입 행동은 걸음마기 유아에게서도 이미 나타나기 시작하지만(Quann & Wien, 2006) 타인의 감정에 대한 인식과 이해는 만 4세 시기부터 발달해 나간다(윤복희, 김희진, 2012). 따라서 인지적으로 정서를 인식하는 것에 그치는 것이 아니라 그 정서에 적절하게 공감하고 이해하는 것까지 포함시키는 교육적 접근이 필요하며, 여러 상황에 따라 자신과 타인의 감정이 다름을 인지하고 이해하는지를 통해 평가할 수 있다.

타인 입장에 대한 이해와 추론은 이후 사회생활의 성공 여부에 중요한 역할을 하기에(박아청, 2004; Bennet & Galpert, 1993) 유아의 조망수용능력은 사회적 능력과 밀접한 관련성이 있음을 인식할 수 있다. 즉, 타인의 감정이나 정서반응, 사고, 의도 등을 추측하고 이해하는 능력인 조망수용능력은 결국 자기중심적 사고에서 벗어나 남을 배려하고 이해하는 행동이며 한 사회의 구성원으로 성공 여부를 좌우하는 매우 중요한 역할을 하는 것이다. 따라서 우리는 유아들이 가정에서 부모와의 안정된 상호작용을 통해, 유아교육기관에서는 교사, 또래와의 다양한 놀이와 활동을 통해 긍정적 상호작용을 경험하고 이 안에서 타인의 마음을 이해 · 추론하고 그들의 생각이나 행동을 예측하여 적절하게 대응할 수 있는 능력을 증진시켜 나갈 수 있도록 도와야 할 것이며, 이는 결국 유아들의 사회적 능력을 발달시키는 중요한 요인이 됨을 강조할 수 있을 것이다.

닫는 글

현대에 들어 사회는 공감과 소통의 시대임을 더욱 강조하고 있으며, 이는 그 어느 때보다 사회적 관계를 형성하는 데 필요한 능력이 인간 삶에 있어 매우 중요한 요인이 됨을 의미한다. 즉, 인간이 살아가는 데 있어 사회적 능력의 중요성이 더욱 강조되고 있다는 것이다. 이에 본 장에서는 사회적 관계 형성에 있어 매우 기본적인 능력으로 인간의 공감능력이 왜 중요한지, 자신과 타인에 대한 이해 및 수용은 사회적 능력과 관련하여 왜 중요한지, 그리고 유아들은 어떻게 이러한 능력을 발달시켜 나가는지에 대하여 살펴보았다. 인간은 사회 속에서 살아가기 위해 필요한 능력을 선천적으로 타고나기도 한다. 앞에서 살펴본 거울 뉴런에서 인간은 공감능력을 가지고 태어난다고 하였다. 그러나 선천적으로 가지고 있는 능력도 어떠한 환경에 처해 있느냐에 따라 그 능력의 정도가 달라질 수 있기에 다른 사람과의 관계 형성을 위해 마음을 열고 마음을 읽어주는 중요한 요소들은 무엇이 있는지 살펴보았다.

21세기는 정보화, 국제화, 개방화, 다원화의 시대로서 다른 사람들과 민주적인 사회적 관계를 맺고 편견 없이 함께 일할 수 있는 사람이 요구되면서 인간의 사회적 능력을 위한 기본적인 요소로 자기이해지능이 중요함을 알 수 있었다. 자신에 대한 이해는 자기 자신에 대한 객관적 이해와 지식, 그리고 그에 기초하여 잘 행동할 수 있는 능력을 의미한다. 여기에는 다양한 감정을 이해하며 다른 사람과의 관계에서 자신을 이해하고 높은 수준의 사고와 추리를 하는 능력이 포함된다. 자기이해지능이 높은 사람은 자신을 위해 정확하고 진지한 삶의 목표를 세우고 그 목표가 자신의 삶에서 효과적으로 작용할 수 있도록 사용하여 보다 질 높은 사회생활을 해 나가는 데 도움을 준다. 또한 긍정적 자아개념 형성과 자아존중감은 사회적 능력에 필수적인 요소로서 건전한 인생 발달의 기본 요소가 되며, 이는 유능한 개인으로서의 성장과 행복 성취를 위한 요소임을 여러 연구에서 밝히고 있음을 알 수 있었다. 자기이해는 타인의 마음과 생각을 읽고 이해하는 능력과 밀접한 관련이 있기에 유아기에 중요하게 다루어야 한다.

뿐만 아니라 타인에 대한 이해와 관련하여 마음이론에 대하여 살펴보았다. 유아가 인간 행동의 기저에 보이지 않는 마음상태가 있음을 이해하고, 자신과 타인의 욕구나 신념, 생각들이 행동과 유관적임을 이해하는 사고의 형성은 사회적 관계유지와 활발한 상호작용의 중요한 요인이 됨을 알 수 있었다. 유아는 마음이해기술을 통해 더 정교한 놀이기술을 발휘하게 되고, 또래로부터 선호되고 상호작용의 양이 증가한다고 하였다. 즉, 타인의 마음을 이해하는 능력은 인간이 선천적으로 가지고 태어나는 고유의 능력이지만 이러한 능력이 발달하고 향상하기 위해서는 경험의 중요성 또한 강조됨을 알 수 있다. 우리는 또한 다른 사람의 마음, 생각, 느낌을 판단하여 그 사람의 입장을 이해하고 받아들이는 사회인지능력인 조망수용능력의 중요성에 대해서도 살펴보았다. 유아의 조망수용능력은 다른 사람과의 상호작용에서 역할이나 관점을 비교하고 변별하는 가운데 생겨나며, 이러한 발달이 타인과의 원만한 관계 형성에도 직접적인 영향을 미칠 수 있으므로 그 중요성을 인지할 수 있었다. 따라서 유아들이 자신을 이해하고 존중하며 다른 사람과 잘 어울려 살아갈 수 있는 사회적 능력을 가진 인간으로 성장해 나갈 수 있도록 우리는 유아의 공감 기술을 발달시키고 공감하는 인간으로 나아갈 수 있는 다양한 환경 제공과 교육적 지원을 이어나가야 할 것이다.

생각해 봅시다

1. 유아의 공감능력을 향상시키기 위한 교사의 역할은 무엇인지 생각해 봅시다.
2. 나와 다른 사람에 대한 이해와 수용능력이 왜 사회적 관계 형성에 있어 기본이 되는 것인지, 그리고 유아들의 이러한 능력을 증진하기 위하여 유아교육현장에서는 어떠한 환경을 제공해 줄 수 있을지 생각해 봅시다.
3. 우리 반 유아들은 어떻게 공감을 하고 있는가? 일상생활에서 공감능력이 적용되는 사례를 찾아봅시다.
4. 우리 반 유아들의 놀이에서 타인에 대한 이해와 수용이 나타나는 상황을 관찰해 봅시다.

한 번 더 읽어볼 만한 책

Doherty, M. J. (2013). **마음이론**(아동은 다른 사람의 생각이나 감정을 어떻게 이해하는가). (이현진 역). 서울: 학지사.

Keysers, C. (2018). **인간은 어떻게 서로를 공감하는가?**. (고은미 외 역). 서울: 바다출판사.

Rifkin, J. (2010). **공감의 시대**. (이경남 역). 서울: 민음사.

참고문헌

권오정 (2008). 초등학생용 자기성찰지능 척도 개발 연구. **초등교육연구, 21**(3), 265-286.

김나영 (2019). 유아의 자기조절력과 자아존중감이 또래유능성에 미치는 영향. 인천대학교 교육대학원 석사학위논문.

김세정 (2016). 극놀이와 연계한 명화감상활동이 유아의 자아존중감과 자기조절능력에 미치는 영향. 중앙대학교 대학원 석사학위논문.

김언경 (2015). 교사-유아 상호작용의 동시성과 유아의 조망수용능력 및 대인문제해결능력 간의 관계. 이화여자대학교 대학원 박사학위논문.

김영옥 (2014). **유아사회교육**. 경기: 양서원.

류지성 (2012). **마음으로 리드하라: 공감을 부르는 리더십 36강**. 서울: 한솔씨앤엠.

문지영, 김창복 (2018). 극화놀이를 중심으로 한 공감교육이 유아의 마음이론 발달에 미치는 영향. **열린유아교육연구, 23**(5), 31-54.

서현, 선현아, 박미자 (2014). 그림책을 활용한 마음이해 활동이 유아의 공감능력과 대인문제해결사고에 미치는 효과. **유아교육연구, 34**(5), 55-84.

송서정 (2019). 생활그림책을 활용한 극화놀이가 만 3세 유아의 공감능력과 자기조절능력에 미치는 영향. **열린유아교육연구, 24**(5), 87-108.

송정 (2007). 만4세 유아의 사회극놀이에서의 정신상태 용어와 마음이론과의 관계. 이화여자대학교 대학원 박사학위논문.

신그린 (2016). 유아의 언어능력과 주의집중력, 자아존중감 간의 관계. 중앙대학교 대학원 석사학위논문.

윤인애 (2012). 자기성찰지능 향상 프로그램이 초등학생의 심리적 안녕감에 미치는 영향. 서울교육대학교 교육대학원 석사학위논문.

이민주 (2014). 유아의 기질이 자기이해지능에 미치는 영향. 강남대학교 대학원 석사학위논문.

이은경 (2017). 통합적 예술활동이 유아의 창의적 문제해결능력과 공감능력 및 인성발달에 미치는 효과. **어린이문학교육연구, 18**(2), 387-415.

이진희 (2011). 예비유아교사의 효능감과 자아존중감 및 행복감 간의 관계 연구. **포괄**

영유아, 아동교육지원연구, 3(1), 1-18.
이희경, 김재환 (2001). 역할수용이 공감에 미치는 영향. **상담 및 심리치료, 13**(1), 15-29.
임영숙, 김영옥 (2018). 공감적 이해에 기초한 유아 사회성 증진 프로그램 개발 및 효과. **열린유아교육연구, 23**(4), 1-34.
정하나 (2015). 극화놀이를 통한 유아공감능력 증진 프로그램 개발 및 효과. 중앙대학교 대학원 박사학위논문.
지성애, 김승희 (2010). 유아의 자아존중감, 또래상호작용, 놀이성 간의 관계. **열린유아교육연구, 15**(4), 111-127.
최미경 (2016). 유아의 공감능력과 리더십 간의 관계. 동국대학교 대학원 석사학위논문.
최미숙 (2010). 유아의 도덕적 판단력의 발달 특징 및 공감능력과의 관계. **열린유아교육연구, 15**(6), 255-271.
Astington, J. W., & Gopnik, A. (1991). Theoretical explanations of children's understanding of the mind. *British Journal of Developmental Psychology, 9*(1), 7-31.
Bauer, J. (2006). **공감의 심리학.** (이미옥 역). 서울: 에코리브르.
Bryant, B. (1982). An index of empathy for children and adolescents. *Child Development, 53*, 413-425.
Callaghan, T., Rochat, P., Lillard, A., Claux, M. L., Odden, H., Itakura, S., Tapanya, S., & Singh, S. (2005). Synchrony in the onset of mental-state reasoning: Evidence from five cultures. *Psychological Science, 16*(5), 378-384.
Cassidy, K. W., Werner, R. S., Rourke, M., Zubernis, L. S., & Balaraman, G. (2003). The relationship between psychological understanding and positive social behaviors. *Social Development, 12*(2), 198-221.
Davis, M. H. (1980). A multidimensional approach to individual differences in empathy. *JSAS Catalog Selected Documents in Psychology, 10*, 85.
Flavell, J. H., Miller. P. H., & Miller, S. A. (2003). *Cognitive development*. Englewood Cliffs, NJ: Prentice-Hall.
Gardner, H. (1993). **마음의 틀, 다중지능의 이론과 실제.** (이경희 역). 서울: 문음사. (원서 1983년 출판).
Gopnik, A., & Astington, J. W. (1988). Children's understanding of representational change and its relation to the understanding of false belief and the appearance-reality distinction. *Child Development, 59*(1), 26-37.

Gordon, M. (2010). **공감의 뿌리**. (문희경 역). 서울: 샨티. (원서 2009년 출판).

Howe, D. (2013). *Empathy: what it is and why it matters*. **공감의 힘**. (이진경 역). 서울: 지식의 숲. (원서 2013년 출판).

Insel, T. (2003). Is social attachment an addictive disorder? *Physiology and Behavior*, *79*, 351–357.

Kagen, S. L., Moore, E., & Bredekamp, S. (1995). Considering children's early development and learning: Toward common views and vocabulary (Report No. 95–03). Washington, DC: National Education Goals Panel.

Kringelbach, M., Philips, H. (2014). *Emotion: Pleasure and pain in the brain*. OXford, Oxford University Press.

Krznaric, R. (2014). **공감하는 능력**. (김병화 역). 서울: 샨티. (원서 2014년 출판).

Meltzoff, A., Decety, J. (2003). What imitation tells us about social cognition: a rapprochement between developmental psychology and cognitive neuroscience. *Philosophical Transactions of The Royal Society London B 358*, 491–500.

Ehrlich, P. R., & Ornstein, R. (2010). *Humanity on a tightrope thoughts on empathy, family and big changes for a viable future*. New York: Rowman and Littlefield.

Perner, J., & Lang, B. (1999). Development of theory of mind and executive control. *Trends in Cognitive Sciences, 3*(9), 337–344.

Rifkin, J. (2010). **공감의 시대**. (이경남 역). 서울: 민음사. (원서 2009년 출판).

Selman, R. L., & Byrne, D. (1974) A structural–developmental analysis of levels of role–taking in middle childhood. *Child Development, 45*, 803–807.

Wellman, H. M., & Woolley, J. D. (1990). From simple desires to ordinary beliefs: The early development of everyday psychology. *Cognition, 35*(3), 245–275.

Wimmer, H., & Perner, J. (1983). Beliefs about beliefs: Representation and constraining function of wrong beliefs in young children's understanding of deception. *Cognition, 13*(1), 103–128.

CHAPTER

3

소통의 기술

소통의

기술

여는 글

유아는 태어나는 순간부터 주변 사람들과 사회적 관계를 맺게 된다. 가장 먼저 부모와 가정에서 사회적 관계를 맺는다. 또한 유아는 형제나 조부모, 친척들과 상호작용을 하며 일상생활 속에서 자연스럽게 사회적 관계 형성에 필요한 여러 가지 기술들을 배우고 익히게 된다. 그러나 최근 맞벌이 부부의 증가와 핵가족화로 유아교육기관에 다니는 유아들의 연령이 하향화되고 유아교육기관에서 보내는 시간도 늘어나게 되었다. 유아들이 서로 다른 환경에서 생활해 온 사람들과 기관이라는 새로운 환경에서 안정적으로 생활하기 위해서 교사나 또래들과 우호적인 관계를 형성하기 위한 능력이 요구되는데 이때 필요한 능력이 사회적 능력이다.

유아들이 유아교육기관에서 긍정적인 사회적 관계를 형성하는 것은 점차 성장하면서 확대되는 여러 사회적 환경의 적응 여부에도 큰 영향을 미치게 된다. 대부분의 유아들은 성장하면서 사회적 능력을 자연스럽게 습득하거나 학습할 수 있지만 그것은 단순한 형태의 경험이며, 이후 연령의 증가와 다양하고 복잡한 상황에서 만나게 되는 새로운 대상에게 어떻게 반응해야 하는지에 대한 정보가 없어서 긍정적인 상호작용을 이끌어 내는 데 어려움을 겪기도 한다(김우영, 2016). 유아의 사회적 능력은 사회적 발달을 설명해 주고 유아의 행동에 대한 이해를 촉진시켜 줄 수 있다는 점에서 그 중요성이 강조되고 있는데, 특히 사회적 기술은 사회화를 실천하는 방법적인 역할을 함으로써 유아들에게는 보다 중요한 도구와 기재가 될 수 있다(김영옥, 이나영, 2008; Maccoby, 1980).

유아들이 주로 사회적 기술을 배우고 적용하는 대상은 교사나 또래이며 대부분 놀이 상황에서 이루어진다. 유아는 놀이를 통해서 또래관계를 맺게 되고 이때 놀이를 지속하게 되는 주요 도구는 이야기이다. 유아는 혼자 놀이를 할 때나 또래와 같이 놀이를 할 때도 늘 이야기를 하며 놀이한다. 유아들이 또래와 함께 성공적인 놀이 상황을 완성하기 위해서는 상호간의 소통이 무척 중요하다. 상호간의 성공적인 소통을 위해서는 나의 생각과 느낌을 상대방에게 분명하게 전달하는 기술과 함께 상대방의 생각과 느낌을 바르게 해석하는 기술이 필요하다. 이때 사용되는 기술이 의사소통기술이다.

초기의 의사소통기술은 언어로 이루어지지 않는다. 영아들은 손짓이나 울음, 옹알이 등의 방법으로 자신의 요구를 표현하는 의사소통을 시도하지만 연령의 증가와 함께 점차 구체적인 언어적 의사소통 방법을 사용하게 된다. 그리고 유아는 상대방과 의사소통을 하며 공동체 속에서 능동적으로 상호작용 활동에 참여하면서 사회적 능력이 발전해 간다. 즉, 의사소통 기술은 몸짓이나 울음 등의 단순한 형태의 비언어적인 요소에서 차츰 섬세한 언어적인 요소로 발달해 간다.

한편 파버(Farver, 1996)는 의사소통기술이 미성숙한 유아는 놀이의 전개가 제한적이며 또래와의 상호작용에 성공적이지 못하기 때문에 또래로부터 따돌림을 당하거나 인기를 얻지 못하기도 한다고 보고하고 있다. 의사소통의 문제로 또래에게 거부당하는 유아는 공격성의 형태를 가지고 있는 의사소통 방식을 사용하게 되는데 신체적 공격성이 함께 나타날 뿐만 아니라 사회적인 의사소통의 사용도 제한된다고 보고하고 있다. 따라서 또래관계에서 의사소통의 문제는 단순히 유아기에 끝나는 것이 아니라 성인이 되었을 때에도 사회적 관계에서 부정적인 영향을 미치게 된다(Coie & Kupersmidt, 1983).

영아들의 옹알이를 관찰해보자. 영아들도 옹알이를 할 때 상대방과 눈을 맞추는 것을 알 수 있다. 영아들의 옹알이를 살펴보면 놀라운 사실을 발견할 수 있다. 그들의 옹알이에도 질서가 있다. 상대방이 이야기할 때는 눈을 마주치며 잘 들어주다가 이야기가 끝나면 옹알이를 한다. 영아들은 서로 주고 받는 옹알이를 통하여 친밀감을 기르고 정서적인 안정감을 느끼며 한편으로는 의사소통의 기본 규칙인 '주고받기'의 규칙을 배우게 된다. 즉 사회적 소통의 기술을 엿볼 수 있다.

유아가 성장해 나가는 과정에서 사회구성원으로 역할을 다할 수 있기 위해서는 무엇보다 공동체에서 필요로 하는 사회적 능력을 향상시켜 나가야 한다. 사회적 능력은 내재된 것만으로 관계를 형성하는 것이 아니다. 실제적인 관계 형성은 외현적인 기술의 사용에 영향을 받는다. 따라서 본 장에서는 현장의 목소리와 함께 유아의 사회적 능력을 표현하고 사용하는 '기술' 중 소통의 기술에 대하여 이야기하고자 한다. 많은 사회적 기술의 내용 중 소통의 기술은 다른 기술들과 더불어 주요하게 사용되는데 '공유'를 하기 위해서도 의사소통의 기술은 사용되며 '문제를 해결'할 때에도 소통이 이루어져야 원활한 문제해결이 되기 때문이다. 소통의 기술은 유아가 사회라는 울타리 안에서 행복해지기 위해 한 걸음 한 걸음 다가가는 데 필요한 기술이라고 할 수 있다.

교사 이야기

이 사진은 전화기예요. 저는 전화를 통해서 많은 사람들과 소통을 하고 있어요. 가족, 친구, 학부모 등등 사회적 관계를 맺는 데 전화기가 큰 역할을 하고 있어요. 그래서 저는 '사회적 능력' 하면 '관계 형성능력'이 떠오르고 '관계 형성'은 '전화기'를 연상시켜요.
사회적 능력이 뛰어난 사람은 다른 사람과 관계 형성을 잘 하는 사람이잖아요. 다른 사람의 생각을 읽고 나를 이해할 수 있도록 잘 표현하면서 서로의 관계가 튼튼해지는데 이때 타인을 읽고 나를 표현하는 수단이 '언어'라고 생각해요. 마찬가지로 유아에게도 사회적 능력은 '의사소통의 능력'이라고 생각해요. 그런데 유아들은 발달적으로 언어 사용이 자유롭지 못해요. 다듬어지지 않은 행동은 상대방에게 오해를 불러 올 수 있어요. 예를 들면 어릴 적 좋아하는 친구를 괴롭히는 남자애들처럼 말이에요. 따라서 상대방의 마음을 잘 읽고 내 생각을 잘 표현하려면 의사소통기술을 길러서 사회적 능력을 향상시키는 일이 중요할 것 같아요.

G유치원 C교사 이야기

사회적 기술의 이해

유아들은 출생 후 성장하는 동안 주변의 사람들과 서로 상호작용하는 법을 배우며 관계를 맺고 점차 사회적 존재로 발전한다. 유아들이 유아교육기관에서 교사나 또래 등 자신을 둘러싼 타인과 적절한 관계를 형성해 가는 데 필요한 사회적 능력은 유아교육기관의 적응 여부를 결정하는 핵심 요인일 뿐만 아니라 사회적 환경이 차츰 확대되는 시기인 유아기의 중요한 능력이라고 할 수 있다(김순정, 2003).

유아가 가지고 있는 사회적 능력은 내부적인 성격이며 외부의 사회적 기술로 표현될 수 있다. 사회적 능력은 사회화 개념 중에서 포괄적인 것으로, 유아가 유능한 사회구성원으로 성장하기 위한 필수적 요소이며 자신이 속한 사회의 구성원으로 살아가는 데 필요한 모든 사회적 기술을 의미한다(황혜정, 김경희, 1999). 또한 사회적 능력은 유능한 사회인이 되기 위해 환경에 적응하며 상호작용하는 것이므로 삶에 직면하는 다양한 선택, 도전과 기회를 다루기 위해 개발하는 지식이나 기술과 관련되어 있다.

이에 사회적 능력과 사회적 기술은 서로 연관되어 있으며 구체적으로 어떠한 과제를 수행할 능력이 있는가는 사회적 기술의 차원이고, 그 수행의 정도에 따라 사회적 능력의 정도가 좌우된다고 할 수 있다(김영옥, 김우영, 2018).

김순환(1998)은 유아가 속한 사회의 규범과 가치를 이해하고 그 구성원으로 살아가는 데 필요한 모든 사회적 기술을 포괄적으로 개념화한 것이 사회적 능력이라고 하였다. 이현숙(2003)도 사회적 기술은 사회적 능력과 관련지어 고찰해야 하며 사회적 기술과 사회적 능력은 서로 연관되어 있다고 했다. 이상에서 살펴보았듯이 사회적 기술은 사회적 능력이 외부로 출현되는 개념으로 바라보는 것이 보편적이며, 사회적 능력의 개념 속에서 함께 정의되기도 한다. 유아들은 행동을 통해 필요한 개념을 자연스럽게 익힌다. 사회적 능력도 마찬가지이다. 유아는 자신의 의도를 행동으로 표현하는 사회적 기술을 통해 상대방의 반응을 경험하면서 상대방과 관계를 맺는 능력이 향상된다. 사회적 기술의 사용은 사회적 능력의 향상을 위한 필수 조건이다.

사회적 기술이란 무엇일까?

사회적 기술에 대해 많은 학자들이 정의를 내리고 있는데 국내외 학자별로 나누어서 사회적 기술의 개념을 정리해보면 다음과 같다. 한국유아교육학회(1996)는 사회적 기술이란 협동, 도움 나누기, 차례 지키기, 교환하기, 사회적 문제 해결하기 등을 통해 대인관계를 조절할 수 있는 능력이라고 정의했으며, 최형원, 김덕건(2002)은 사회적 기술을 정확한 사회적 정보의 처리, 사회적 의사결정에 신중하게 접근할 수 있는 행동의 지연, 타인의 분노나 성가심을 자아내지 않는 방식의 접근, 집단 내에서의 사회적 책임감과 적극적인 상호작용을 실행하여 대인관계 및 사회적 환경을 조절하는 능력이라고 정의하였다. 그리고 허수연(2008)은 또래와 긍정적인 사회적 관계를 형성하고 유지하는 능력, 또래를 수용하는 능력, 환경에 대한 적응능력, 주변 사회환경을 효과적으로 다루고 적응하는 능력으로 정의했다.

반금남(2008)은 사회적 기술을 정의할 때 인지적인 측면과 행동적인 측면을 동시에 고려해야 한다고 했다. 왜냐하면 대부분의 사람들은 어떤 상황에서 어떤 행동을 해야 하는지에 대한 허용의 기준을 가지고 있으므로 사회적인 상황에서 사회적으로 적절하다고 허용되는 사회적 기준을 이해할 수 있는 능력과 다양한 상황에서 효과적으로 사회적 기술을 사용할 수 있는 능력을 갖추고 있어야 하기 때문이다. 따라서 사회적 기술은 사회의 보편적인 허용 기준에 대한 적절한 인식과 그에 따른 안정적인 행동기술을 의미한다고 볼 수 있다.

강현경(2009)은 사회적 기술이 유아의 또래관계에 필요한 요소이며, 전형적으로 개인이 자신의 환경에서 타인과 효과적으로 상호작용할 수 있도록 해 주는 구체적인 목표 지향적 행동을 의미한다고 하였으며, 정현빈(2010)은 사회적 기술을 유아가 사회적 상호작용을 통하여 다른 사람과 만족스럽고 긍정적인 상호관계를 맺고 유지하는 능력, 구체적인 행동기술이라고 정의하고 있다.

국내 학자들의 정의를 살펴보면 긍정적인 상호작용을 강조하는 측면에서 긍정적인 상호작용을 위한 인식적인 면과 기술로서의 활용능력에 대한 사회적 기술을 정의하고 있는 연구가 대부분이다.

다음으로 국외 학자들의 정의를 살펴보면 맥코비(Maccoby, 1980)는 사회적 기술능력이 개인정서 조절 기술, 대인관계 형성 기술 등에서 나타난다고 보았으며 맥폴(McFall, 1982)은 개인이 사회적 상황에서 친구를 사귀거나 필요한 것을 요청하거나 혹은 타인의 사회적인 개입에 반응하는 데 사용되는 방법이라고 사회적 기술을 정의하고 있다. 또한 엘리옷과 그레셤(Elliot & Gresham, 1987)은 유아의 사회적 기술에 대한 선행 연구를 기반으로 3가지 관점으로 분류하였는데 첫째, 유아가 사회적 기술을 가진다는 것은 유아가 또래에게 수용된다는 것을 의미한다고 했다. 둘째, 유아가 사회적 기술을 사용하는 것은 특정한 사회적 상황에서 처벌을 피하기 위한 사회적 행동들로 정의하며 셋째, 유아의 사회적 기술은 유아가 특정한 사회적 상황에서 중요한 사회적 결과를 이끌어내기 위해 보이는 행동으로 정의하였다.

폴크너(Faulkner, 1995)는 유아의 사회적 행동, 다른 사회적

맥락에서의 상호작용 유형, 그리고 상대방과 함께하는 놀이를 조절하는 능력을 사회적 기술로 보았으며, 베델과 레녹스(Bedell & Lennox, 1997)는 사회적 기술을 사회적 능력이라는 포괄적인 개념 속에서 정의하면서 사회적 기술은 자신의 과업을 수행하기 위한 개인적인 행동과 사회적 맥락에서 상호작용을 일으키는 행동이라고 하였다. 또한 개인이 사회적 상황에 참여하는 능력을 증진시킴으로써 사회적 지위나 사회적 능력을 유지 · 증진시키고 새로이 창조할 기능성을 극대화할 수 있는 외현적 · 내재적 행동(Gumpel, 2007)으로 정의되기도 한다.

이상의 연구들을 정리해보면 사회적 기술이란 사회적 능력을 쌓는 기반으로 유아가 타인과 적극적인 상호작용을 통하여 긍정적으로 사회적 관계를 형성하기 위해 본인이 알고 있는 사회적 지식, 가치, 태도를 실제 상황에서 적절하게 선택하고 조절하며 성공적으로 수행하고 실천하는 행동이라고 정의할 수 있다. 이러한 개념과 연결시켜 사회생활에서 필요한 여러 요소들 중에서 학자들마다 중요하다고 생각되는 것을 선택하거나 조합하여 사회적 기술의 내용을 다음의 **표 3-1** 과 같이 정리할 수 있다.

표 3-1 사회적 기술의 내용

	학자명	사회적 기술의 내용
국내	이원영, 박찬옥, 노영희 (1993)	인간 상호관계 기초기술, 신뢰, 개인적 욕구와 사회적 요구 조정 기술, 도움 주고받기, 나누고 공유하기
	한국유아교육학회 (1996)	협동, 나누기, 도와주기, 차례 지키기, 교환하기, 사회적 문제 해결하기
	민혜영(1998)	주어진 상황에 알맞은 대화와 협의의 능력, 순서를 지키거나 기다리는 행동, 상황을 수용할 수 있는 능력
	박진재(2002)	또래와 또래의 활동에 관심 가지기, 협동하기, 제안하기, 차례 지키기, 말 걸기, 나누기, 적절한 질문과 대답하기, 협상하기, 칭찬하기, 부정적 감정 조절하기
	이영자, 유효순, 이정욱 (2001)	자기통제기술, 의사소통기술, 공유하기, 협동기술, 협의기술, 사회학습기술
	박찬옥, 김영중, 황혜경 엄정례, 조경서(2001)	의사소통하기, 나누기, 협력하기, 문제해결하기, 친구사귀기 기술
	김영옥(2014)	순서를 지키거나 기다릴 줄 알기, 대화하고 협의하는 기술, 상황을 수용하는 기술로 자아존중, 공유하기, 협력하기 활동을 통하여 접근
국외	Trower & Bryant (1978)	대화 나누기, 제의하기, 함께 나누기, 자기 의사 발표하기, 칭찬하고 호감 표시하기
	Rinn & Markle (1979)	자기 표현적 기술, 타인을 높여주는 기술, 의사소통기술, 자기 주장의 기술
	Kelly(1982)	인사하기, 사회적 행동 주도하기, 질문하고 대답하기, 칭찬하기, 가까이 접근하기, 함께 참여하고 놀기, 협동하기, 정감적 반응
	Gresham & Elliot (1990)	협동, 자기주장, 자기통제, 책임성, 공감
	Caldarella & Merrell (1997)	또래관계기술, 자기관리기술, 학업기술, 순응기술, 주장기술
	Sheridan(1997)	자기통제, 협력하기, 문제해결하기, 돕기, 나누기, 결정하기, 거절하기, 수용하기
	Raver & Ziegler (1997)	정서조절기술, 사회인지기술, 의사소통적 행동
	Fantuzzo (1998)	자기통제, 대인관계기술, 언어적인 주장, 외현적 행동, 내재적 행동
	McClelland(2002)	숙달, 자기주장, 자기조절, 협동

이상의 학자들이 제시하는 사회적 기술의 내용들을 정리하면 사회적 기술의 내용은 협동, 돕기, 제안, 협상, 공유, 사회적 문제해결, 자아존중, 수용 등의 사회성 영역과 자기통제, 자기조절, 공감, 정서적 반응 등의 정서적 영역과 자기주장, 대화하고 협의하기, 의사소통기술, 질문하고 대답하기 등의 언어적 영역까지 포괄하고 있다.

즉, 사회영역은 정서영역이나 언어영역과 함께 포괄적으로 다루어지며 서로 밀접한 관계가 있다는 것을 알 수 있다. 유아는 언어적 상호작용을 통해 다른 사람의 정서를 이해하고 새로운 정보를 습득하고 활용하며 사회적 개념과 기술이 발달해 나가기 때문에 언어를 표현하고 수용하는 의사소통의 기술을 사용하는 기회를 많이 경험한다면 또래나 성인과 안정된 관계를 만들 수 있을 것이다.

사회적 기술의 중요성

대부분의 유아들은 사회화과정을 자연스럽게 경험하지만 어떤 유아는 다른 사람과 관계를 맺고 지속하는 데 어려움을 겪기도 한다. 이는 유아가 자신에게 주어진 상황에 대해서 어떻게 적절한 반응을 해야 하는지에 대한 구체적인 행동의 방법인 사회적 기술에 대한 지식이나 수행능력이 부족하기 때문일 수 있다. 예를 들어 친구를 사귀는 기술, 상황에 적절하게 행동하여 또래관계를 유지하는 기술, 또래의 괴롭힘에 적절하게 대처하는 기술, 또래와의 갈등을 원만하게 해결하는 기술 등(Asher & Coie, 1990)이 부족할 수 있다.

콘(Kohn, 1997)은 유아기에 이루어진 사회적 가치 체계는 올바른 인성 형성의 기초가 되며 사회적 기술, 긍정적 자아개념 형성 등에 기여함으로써 평생을 거쳐 지대한 영향을 미치게 된다고 하였다(김영옥, 윤경선, 1999 재인용). 비건(Begun, 1995)도 사회적 기술의 습득은 사회에서 발생할 수 있는 문제들을 예방하고 시민으로서의 성공적 기능과 생존기술을 이끌어 준다는 점에서 중요성을 강조하였다.

루빈과 보윅(Rubin & Borwick, 1984)은 유아가 다른 유아와 어떻게 의사소통하고 관계를 유지하며, 어떤 방식으로 활동하고 서로 다른 상황에서 어떻게 행동하는지 등을 포함하는 것 등의 바람직한 사회적 기술은 성공적인 삶을 위해 중요한 요소가 된다고 하였다.

사회적 기술이 높은 유아일수록 또래와의 의사소통기술이 좋으며, 협력활동에서 과제수행을 더 잘할 수 있게 된다. 유아가 아무리 높은 지적 능력을 가지고 있더라도 사회적 기술이 부족하여 상호작용을 적극적으로 하지 못한다면 높은 지적 능력이 쓸모가 없게 된다. 반면 지적 능력은 조금 낮더라도 사회적 기술이 높은 유아의 경우 협력활동 시 도움을 요청하기도 하고, 질문을 하기도 하는 등 적극적인 상호작용이 발생하여 원만한 사회관계를 유지할 수 있다(김기경, 김춘경, 2003; 박정언, 2013).

한편, 유아의 사회적 기술은 타인에게 수용되거나 효과적인 상호작용을 유지하는 데 있어서 중요한 예측요인으로 평가된다(Shaffer, 2006). 유아가 사회적 능력이 부족한 것은 사회적 능력을 적절하게 사용하는 데 필요한 기술이 부족하거나 그 기술을 효율적으로 수행하는 능력이 부족하기 때문이라는 말처럼(Gresham & Elliott, 1984) 사회적 지식이 아무리 풍부하다 할지라도 그 지식을 상대방에게 수용되도록 적절하게 사용하는 기술이 부족하다면 타인과의 관계를 긍정적으로 형성하는 데 어려움이 생길 수밖에 없다.

사회적 기술 결함의 주된 이유로 윤승이(2007)는 지식의 부족, 연습 및 피드백의 부족, 단서 및 기회의 부족, 강화의 부족, 친사회적 행동을 방해하는 문제행동 등 다섯 가지를 들고 있다. 이러한 사회적 기술은 태어날 때부터 가지고 있는 기질 등 유전적인 요인도 있으나 출생 이후 환경에 의해 학습되는 경우가 많으므로 사회적 기술의 향상을 위해서는 기술적 요인들을 인식하고 연습하는 경험들이 무척 중요하다고 할 수 있다. 따라서 다음은 사회적 기술이 어떻게 습득되는지 알아보고자 한다.

사회적 기술의 습득

사회적 기술에 영향을 주는 요인

유아의 발달과정에는 연령이 증가하면서 개인차는 있으나 발달의 순서는 일정하듯이 사회적 기술 역시 발달 순서는 일정하게 나타난다. 출생 후 3개월이 지나면서 사회적 행동을 보이기 시작하며, 1~2세 영아는 낯가림, 애착, 모방들의 행동들을 통하여 사회성의 기초를 형성하면서 성인이나 또래와 접촉을 한다. 2세에는 또래와의 접촉 횟수가 증가하면서 사회적 행동이 증가하고 3~4세가 되면 급속한 언어발달로 언어를 통한 상호작용이 이루어진다. 4~5세가 되면 유아들은 자아개념이 형성되면서 환경과의 적극적인 상호작용을 하게 되며 또래의 인정을 기대하게 된다(강현경, 2009; 안라리, 2005). 이러한 유아의 사회적 기술 관련 요인들의 발달은 내적인 요인과 외적인 요인이 동시에 영향을 미치게 된다. 유아들은 성장을 하면서 자연스러운 상황에서 사회적 기술을 향상시킬 수 있는 방법을 학습하기도 하고, 또한 가정이나 유아교육기관에서 형식적인 방법을 통해서 사회적 기술 발달을 도모하기도 한다.

먼저 유아 내적인 변인으로는 연령, 기질, 성, 형제순위 등을 이야기할 수 있다. 사회성 관련 발달의 특징들은 발달적 성

취의 결과로서 어린 연령에서부터 발달하기 시작한다. 즉, 유아의 연령이 증가하면서 유아의 사회적 기술도 증가하게 되는데, 이는 유아가 연령이 높아질수록 자기중심적 사고에서 벗어나서 사회적 기술을 적절하게 사용할 수 있기 때문이다(이은정, 2008; Howes, 1997). 그리고 유전적 영향으로 독특한 성격을 형성하게 되는 기질은 태어나면서부터 주변과의 상호작용에 영향을 미치는 요인으로 많은 연구(김명숙, 2008; 이은아, 2012; 이은영, 2009; 황지영, 2000)에서 유아의 기질이 사회적 관계 형성과 관련이 있다고 보고하고 있다. 사회적 관계란 다른 사람이나 주변 환경과 질적인 상호관계의 부분을 의미하는 것으로 유아의 기질이 가지는 성격에 따라 주변과 접근 방법이 다르므로 다른 결과를 경험하게 된다. 따라서 사회적 기술의 발달을 위해서 유아의 기질을 잘 파악하고 그 성격을 반영한 지원이 필요하다고 볼 수 있다.

다음으로 유아의 성별이나 형제순위를 내적인 변인으로 보기도 하는데 성별의 경우 여아가 남아보다 더 사회적 능력이 높다는 연구(박성연, 도현심, 1993; 이경희, 최경순, 1992)들과 함께 성차가 없다고 보고하는 연구(송나리, 박성연, 1993; 이형덕, 2000)들도 있다. 출생순위와 관련하여서도 첫째가 다른 형제들에 비해 사회적 능력이 높다는 연구(이형덕, 2000)와 출생순위 간의 차이가 없다는 연구(송민경, 2000)가 함께 보고되고 있으므로 성별이나 출생순위는 사회적 능력과 관련한 강한 변인이라고 보기엔 어려움이 있다.

유아의 사회적 기술에 영향을 주는 외적인 변인으로는 가족, 교사, 또래 등을 제시할 수 있는데 주변과 관계를 형성하는 과정에서 영향을 받고 있음을 알 수 있다. 먼저 유아가 세상에 태어나 처음으로 맺는 사회적인 관계는 가족이다. 특히 유아기 자녀와 부모와의 관계는 사회성 관련 영역들과 직접적으로 깊은 관련이 있는 것으로 보고되고 있다. 개인의 사회성 발달이 생의 초기 단계에서부터 형성되는 것이라고 볼 때, 가족의 구성원은 인간이 최초로 사회적 접촉을 하는 사람들이기 때문에 가족과 관련된 많은 요인들이 유아의 사회성 발달 양상에 영향을 미치며 특히, 사회화과정을 돕는 어머니의 구체적 기술에 따라 유아의 사회성 발달에 차이가 나타난다(민혜영, 1998; 현금옥, 2003).

한편, 유아가 가정을 벗어나 만나게 되는 유아교육기관의 물리적 · 심리적 요인들이 유아의 사회성 발달에 영향을 미치는데, 그중에서도 교사-유아의 질 높은 상호작용은 많은 연구자(김미진, 2013; 김혜민, 2008; 여연승, 2003; 최선희, 2014; Katz & McClellan, 1997; Rosenthal, 1997)들의 관심이 되었다. 교사-유아의 상호작용은 유아의 긍정적 사회적 기술의 발달에 영향을 주는 주요 요인이라고 할 수 있는데 유아들이 교사나 또래들과의 만족스러운 상호작용에 참여하는 과정에서 경험하게 되는 상호작용의 기술은 사회적 기술 사용의 모델이 될 수 있다. 특히, 교사가 유아와의 관계에 대해 갈등이 낮고 친밀감을 많이 느끼며 의존이 낮다고 지각하는 긍정적인 관계에서 유아의 사회적 기술의 사용을 자유롭게 적용하며 성장할 수 있다.

또 다른 외적인 변인으로 또래관계를 들 수 있는데 피아제(Piaget)는 유아들은 또래와의 상호작용과정에서 자신의 의도와는 다른 관점이 많이 있다는 것을 알게 되어 사회적 발달에 필요한 탈중심화가 촉진된다고 주장하였다. 즉, 다른 사람의 관점을 이해하면서 자신을 조절하는 능력을 키우고 상대방을 고려한 기술을 사용한다는 것이다. 또래관계가 원만할 경우 사회성 관련 요인들의 안정적인 형성을 촉진하는 주요 요인이 되며 또래의 칭찬을 받은 유아가 다른 유아에게 칭찬이나 격려를 하는 등의 사회적 기술의 사용을 증가시키게 된다.

이상에서 살펴본 바와 같이, 유아의 사회적 기술 발달에는 내적인 변인과 외적인 변인이 함께 영향을 미치고 있다는 것을 알 수 있다. 유아의 내적인 변인의 경우에도 어떤 외적인 변인을 만나느냐에 따라 긍정적으로 혹은 부정적으로 사회적 기술을 발달시킬 수 있다. 예를 들어 유아가 까다로운 기질을 가지고 태어날 경우 유아는 주 양육자를 비롯한 주변의 사람들과 사회적 관계를 맺는 것이 어려울 수 있다. 그러나 주 양육자가 유아의 기질을 이해하고 민감하게 대처하여 준다면 유아의 까다로운 기질은 더 이상 발달하지 않고 적극적으로 주변의 사람들과 사회적 관계를 맺을 수 있게 된다. 결론적으로 유아의 발달과 내 · 외적인 변인들을 고려하여 적절한 교육활동을 제공한다면 유아의 사회적 기술은 질적으로 향상될 수 있다.

사회적 기술을 향상시키는 방법

다른 사람과 더불어 살아가는 데 필요한 능력과 기술을 확장하는 교육은 유아기부터 시작되어야 한다. 유아기에 발달하는 많은 능력들은 이후 일생 동안 모든 지식과 행동에 영향을 미치게 되고 성공적인 삶의 지표가 되기도 한다. 따라서 유아들은 다양한 환경 속에서 다양한 사람들과 상호작용을 통하여 발생되고 예측되는 상황에 대한 기술을 기르는 경험을 해야 한다.

이와 관련지어 사회적 기술을 발달시키기 위한 교수방법으로 캐츠와 맥클레란(Katz & McClellan, 1997)은 사회적 지식과 이해를 촉진하고 사회적 기술의 습득을 위한 구체적 교수방법을 제시하였다. 사회적 지식 및 이해를 증진시키기 위해서는 감정이입과 이타주의를 자극하기, 타인의 행동을 대안적으로 해석하도록 격려하기, 토의에 적절하게 참여하도록 돕기, 공통의 입장을 발견하게 하기, 건설적인 피드백으로 격려하기를 제안하였다. 그리고 상호작용적 기술을 강화하기 위해서는 언어적 의사소통을 촉진하기, 대화를 먼저 시작하도록 돕기, 대화에서 주고받는 기술을 강화하기, 협의기술을 발달시키기,

자신의 주장을 적절한 언어로 표현하도록 가르치기, 괴롭힘을 최소화하도록 돕기, 괴롭히는 유아와 당하는 유아 모두의 행동이 변화하도록 돕기, 유아를 짝지어 줌으로써 사회적 상호작용의 기회를 제공하기, 고자질하는 습관을 고쳐주기 등을 제시하고 있다.

권미란(2016)은 문학작품을 활용하거나 집단토의를 통한 의사소통능력 기우기, 좋은 모델링으로서의 교사 역할과 안정적인 교실 분위기 조성을 통하여 공유하기 기술을 증진시키기, 집단의 크기를 조절하거나 승패 없는 게임 등을 통하여 협력하기, 프로젝트 수행을 통한 친구 사귀기, 개별 유아의 권리를 보호하고 갈등을 최소화하는 교실 분위기를 만들어 갈등 해결하기를 통해 사회적 기술을 증진시킬 수 있다고 했다. 또한 교육현장에서 충동억제나 감정이입, 갈등해결 등과 같이 사회적 기술과 관련된 것들이 제대로 교육되지 못하고 있으며, 따라서 사회적 기술은 교육과정의 일부로 제시되어 교육을 통해 향상되어야 한다는 주장도 있다(Defalco, 1997).

유아기의 사회적 기술의 습득이 중요함에도 불구하고 사회적 기술을 향상시키기 위한 연구자 중 일부는 연령이라는 시기상의 문제를 들어 유아들을 대상으로 하는 교수를 실시하는 것이 적합하지 않다고 생각했다. 그러나 박진재(2002)는 유아기가 사회적 기술의 중재를 시도할 수 있는 중요한 시기인 이유를 다음과 같이 3가지로 제시하였다. 첫째, 사회적 능력의 개인차가 영유아기 동안 안정되기 시작하고 둘째, 유아기에 나타나는 사회적 상호작용의 어려움이 이후의 성장과정에도 지속적으로 영향을 주는 경우가 많으며 셋째, 유아기는 부모나 교사가 학업 성취보다 사회적 발달을 더 강조하는 경향이 있고 사회적 기술을 포함한 상호작용의 형태가 교사들의 교수 형태에 적합하기 때문이다.

따라서 유아라는 대상의 특성과 유아교육이라는 교육과정의 특징, 그리고 놀이라는 교수방법의 특성을 다면적으로 고려한다면 사회적 기술을 습득하고 활용하는 능력은 더욱 발달할 것이다. 사회적 기술을 사용하는 데 능숙한 유아는 주어진 환경에서 발생하는 여러 문제 상황들을 긍정적으로 해결할 수 있으므로 사회적 관계를 맺는 데 자신감을 갖는다. 따라서 유아에게 사회적 기술을 향상할 수 있는 교육을 통하여 긍정적이고 합리적인 방법으로 자신의 감정과 의사를 표현하는 방법을 익혀, 주변 사람들과 긍정적이고 원만한 인간관계를 맺는 데 도움을 줄 수 있다.

사회적 기술의 활용

유아 이야기

지우: 너 뭐해?
종현: 나? 응~ 뭐 찾아.
지우: 뭐 찾는데?
종현: 볶음밥 할 건데 냄비가 없어. 냄비가.
지우: 프라이팬? 프라이팬?
　　우리 엄마는 거기에 하는데.
종현: 어~ 프라이팬. 그게... 없어.
지우: 음... 같이 찾아볼까?
종현: 응. 없네. 없다. 없다.
지우: 잠깐만~이거 어때? (부채를 찾아옴)
종현: 우와~ 프라이팬이랑 똑같이 생겼네. 이걸로 하자.
지우: 그래. 같이 하자. 나는 고기볶음밥 할 거야.
종현: 그럼 나는 김치볶음밥 할래.

G유치원 N반 자유놀이 시간 유아들의 이야기

의사소통능력

앞서 사회적 기술의 내용에 대해서 살펴보았다. 사회적 기술은 학자들의 관점에 따라 다르게 제시되었지만 많은 연구자들이 공통적으로 제시하고 있는 내용이 의사소통이다. 사회적 기술이 행동으로 표현되는 자기통제나 공유, 협동, 협의, 문제해결하기, 친구 사귀기 기술 등을 상대방에게 더욱 분명하고 긍정적으로 전달하는 데 사용되는 도구가 의사소통의 기술이다. 따라서 본 장에서는 사회적 기술의 활용에서 모든 사회적 기술의 동반자 격인 의사소통기술에 대해서 이야기하고자 한다.

의사소통이란 '공통적으로 나누어 갖는다.'는 뜻의 라틴어 'communis'에서 나온 말로 대화를 통해 사실이나 생각, 감정 등이 서로에게 영향을 주는 것을 말한다(김희태, 2012). 우리가 상대방과 의사소통을 효과적으로 진행하려면 의사소통능력이 필요한데 의사소통능력은 의사소통에서의 목적을 효과적으로 성취하는 능력이다. 의사소통에서 언어를 사용하여 자신의 의사를 정확하고 적절하게 표현하는 것도 중요하지만 타인의 의사와 관련된 여러 상황을 올바르게 이해하는 의사소통능력이 요구된다. 또한 유아에게 의사소통능력은 사회적 관계의 유지와 발달을 위한 중요한 수단이 되며, 사회적 상호작용의 기초가 되는 기술이다. 유아는 의사소통능력이 발달되면서, 점차 자신의 주변 세계에 대한 정보를 수집할 수 있게 되고, 이를 전달하며, 조정할 수 있게 된다. 즉 단순하게 언어능력만을 표현하는 것이 아닌 여러 영역의 결합체적인 능력이 의사소통능력인 것이다(류은경, 2018; 이정아, 2017).

의사소통은 청자와 화자의 역할을 가지고 주로 대화의 형식으로 이루어진다. 대화에서는 순환적으로 청자와 화자의 역할을 하게 된다. 한 사람이 계속 청자 역할만 하는 것도 아니고 화자 역할만 하는 것도 아니며 상황에 따라 청자 역할이 되었다가 화자 역할이 되기도 한다. 또한 청자와 화자 역할의 변화는 규칙적이지 않다. 서로의 의사를 분명하게 전달하고 이해하기 위해 시간이나 순서는 불규칙적이기도 하다. 따라서 의사소통의 과정은 참여자들이 자신의 목적을 달성하기 위하여 언어적 또는 비언어적 수단을 통하여 능동적으로 메시지를 전달·수용하는 역동적이고 순환적이며 상호복합적인 과정(엄은나, 2006)이므로 일방적인 말하기나 듣기는 소통의 단절을 불러오게 되고 소통의 부재는 다른 사회적 관계 형성에도 부정적인 영향을 미치게 된다.

의사소통능력은 상대와 상호작용을 할 때 주고받는 언어의 뜻을 이해하는 능력뿐만 아니라 상황에 맞게 자신의 표현을 조절하고, 정서를 표현하는 수단 등을 포함하는 언어 이상의 포괄적인 개념이다(송명자, 2008). 유아는 의사소통을 통하여 자신의 생각이 상대방에게 분명하게 전달되었는지 확인하여 이후의 관계 형성 및 유지에 반영을 하므로 의사소통능력을 사회적 맥락에 적합하게 언어의 지식과 기술을 사용하여 사회적 상호작용을 하는 능력이라고 할 수 있다.

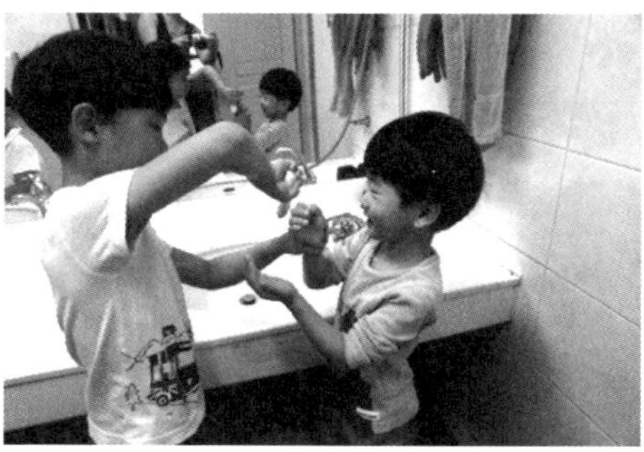

의사소통능력의

발달은 태어나는 순간부터 시작하기는 하지만 유아기는 발달의 민감기라는 보편적인 견해에서 생각해 보면 활발한 사회적 상호작용은 의사소통의 발달을 위하여 무척 중요하다. 이혜경(2017)은 의사소통의 발달 단계를 연령에 따라 다음과 같이 정리하였다. 0세 영아들은 아직 언어의 표현이 미숙하므로 대부분의 의사소통을 울음으로 나타내지만 점차 성장해 감에 따라 쿠잉, 옹알이 등으로 변화하여 자신의 목적을 위해 언어를 사용할 수 있게 된다. 만 1세의 특징은 언어이해능력과 표현능력이 많이 발달해가는 시기이므로 성인의 언어를 이해하고 행동으로 반응을 보일 수 있으며 또한 자신의 요구를 표현하기 위해 언어를 사용한다. 만 2세는 의사소통능력이 매우 증가하는 시기로 대화에 대한 흥미가 증가하고 계속해서 이야기하기를 원하여, 지속적인 질문을 통해 의사소통능력을 발달시킨다. 만 3세에는 언어발달이 가속화되는 시기로 경험이나 상황에 대한 표현적인 언어기술이 향상되고 언어적 공격성이나 이야기 꾸미기도 가능하다. 만 4세의 특징은 전달하는 이야기가 세밀해지고 자신의 경험뿐 아니라 함께 한 사람과 그 상황 등까지 자세한 설명이 가능하여 사회적으로 언어를 사용함으로써 사회적 구성원의 모습을 보인다. 만 5세에는 발음체계가 완성되어 풍부한 어휘를 사용할 수 있다. 급격한 발달로 자유로워진 언어사용능력을 이용하여 의사소통능력이 더욱 향상되어 보다 사회적으로 언어를 활용할 수 있다. 이처럼 의사소통능력은 유아의 연령 증가 및 언어 · 인지능력 발달에 따라 점차 자기중심적 의사소통에서 사회화된 의사소통으로 성장해 간다.

유아들이 당면한 문제를 해결하는 능력은 대인관계의 시작이고 형성된 관계를 지속하는 데 있어서 의사소통능력은 무척 중요하다. 단순히 말을 많이 하고 덧붙이는 행동이 적극적인 유아에 비해서 자신의 생각과 감정을 또래에게 정확히 표현하여 또래의 공감을 이끌어내는 기술을 사용할 수 있는 유아가 사회적 능력이 뛰어나게 된다(박경선, 2006; 오영주, 2008; 이현주, 2000).

유아의 의사소통능력은 유아의 사회적 관계를 시작하고 유지하는 수단이며 사회적 상호작용의 기본이 되는 요소이다. 유아는 다른 사람들과 상호작용을 하거나 소통을 하면서 언어능력을 신장시켜 나간다. 상대방의 의사를 바르게 읽고 해석하며 제시하는 정보에 적합하게 자신의 생각이나 느낌을 표현하는 능동적인 상호작용에 참여할 때 안정적인 의사소통이 이루어지는 것이다. 또한 의사소통을 통하여 자신의 의도를 조금 더 분명하게 전달하고 이해시키기 위하여 언어능력을 향상시키고자 한다. 효율적인 의사소통능력의 활용을 위하여 의사소통과 관련된 전략이나 기술을 적절하게 사용하도록 지원하는 환경의 구성이나 교사의 자세가 필요하다.

의사소통기술

효과적인 의사소통이란 의사소통의 결과 의도한 목표가 달성되었을 때를 의미하며 목표의 달성에 적합한 의사소통기술을 사용해야 한다. 앞에서도 살펴보았지만 의사소통기술을 포함한 사회적 기술은 출생 후 자연스럽게 발달할 수도 있지만 사회의 규범이나 요구에 적합한 기술들은 학습되는 것이다. 따라서 유아가 유능한 사회구성원이 되기 위하여 의사소통기술을 습득하고 발전시켜 나가도록 지원을 해 주어야 한다.

송수희(2006)는 의사소통을 촉진하는 기술을 3가지로 제시하였다. 첫째, "말 걸기와 반응하기"로 또래와의 사회적 의사소통을 지속하려면 또래의 이야기에 주의를 기울여 들은 후 그 내용의 의미를 파악하고 자신의 생각을 또래에게 적절하게 반응하는 기술을 필요로 하므로 사회적 의사소통을 위한 반응하기는 단순한 수용, 거부를 표현하는 반응보다는 앞에 선행된 말 걸기와 관련하여 생각을 표현하는 특징을 가져야 한다고 했다. 둘째, "말 순서 갖기"로 대화할 때 말 순서를 교환하는 것은 의사소통을 위한 대화에서 가장 기본적 요건이다. 관련성 있는 말 순서 갖기는 정보나 생각을 나누고 변화시키는 지속적 상호작용을 가능하게 하는 중요한 사회적 의사소통기술이다. 셋째, "의사소통을 도와주는 비언어적 행동"으로 눈짓, 몸짓, 표정과 같은 비언어적인 요소와 함께 하는 의사소통은 사회적 상호작용을 증진시킨다고 했다.

엄은나(2006)는 선행연구들을 종합하여 효과적인 의사소통을 위하여 필요한 기술들을 다음과 같이 제시하고 있다. 첫째, "자기 마음 이해하기"로 유아는 자신의 내적인 상태를 돌이켜 봄으로써 자기를 수용하고 조절할 수 있게 될 뿐만 아니라 타인에 대한 공감능력을 높여 의사소통과 대인관계에서의 문제 해결에 도움을 줄 수 있다. 둘째, "자기 마음 표현하기"는 자신의 느낌을 비언어적 또는 언어적 표현 방식을 사용하여 표현하는 것을 의미한다. 유아기부터 긍정적이든 부정적이든 만나게 되는 다양한 사회적 상황에서 자신의 의사를 나타내기 위해 적절하게 말로 표현하는 기술을 발달시켜야 한다. 셋째, "경청-듣기"는 의사소통의 필수 요소로서 대인 간 의사소통이 성공적이기 위해서는 다른 사람의 견해와 생각을 잘 들어야 한다. 경청과정에서 유아는 타인의 말을 주의 깊게 듣는 태도를 습득하고 타인에 대한 공감능력을 기르게 되는데 이것은 성공적인 대인관계 형성의 기초가 된다. 넷째, "공감"은 '상대방의 느낌이나 생각을 지각 및 이해하고 이해한 느낌과 생각을 수용적 태도로 상대방이 이해할 수 있도록 반영해주는 능력'을 의미한다. 공감은 상대의 마음을 읽고 그에 대해 반응하여 상호작용을 촉진하고 강화하는 데 도움을 주기 때문에 효과적인 의사소통을 위해서 매우 필요한 능력이라고 할 수 있다. 마지막으로 다섯째, "협력하여 문제해결하기"는 갈등의 건설적 해결을 위해서는 당사자들 간의 효과적이고 계속적인 의사소통이 있어야 하는데 협력적 갈등 해결에 기여하는 의사소통기술로는 공감이나 적극적 경청과 관심 기울이기, 의사확인, 지각확인 등을 들 수 있다.

유아들의 사회적 기술을 향상시키는 전략 중의 하나는 놀이를 통해서 서로 상호작용의 기회를 제공하는 것이다. 유아들은 놀이 속에서 서로 상호작용하며 사회적 기술을 배우고 익히며 더욱 더 발전시켜 나간다. 유아가 친구를 사귀는 방법이나 상호작용의 횟수, 의사소통기술과 같은 사회적 기술은 인기의 정도에 따라 다르게 나타나며 인기도의 정도는 유아의 효과적인 의사소통능력과 관련되어 있다고 한다(백경미, 1998). 즉, 의사소통의 과정은 사회적 관계의 시작이며 안정적으로 지속하게 되는 사회적 상호작용의 기본이 된다. 그리고 의사소통기술은 유아의 성공적인 사회적 관계를 형성하는 데 필요한 주요 수단이고 사회적 능력을 향상시키는 기초를 제공해준다. 따라서 유아들과 상호작용을 통하여 공동체적 관계를 맺어주는 기술 중 언어적인 기술에 관심을 가져야 한다. 언어적인 상호작용 즉, 의사소통기술을 통하여 유아는 자신의 생각, 느낌, 감정을 상황에 적합하게 표현하는 방법을 배우고 동시에 상대방이 전달하는 메시지를 이해하는 능력을 향상시켜 나간다. 특히, 이용주, 윤지영(2004)은 상대방의 의사를 이해하는 능력은 사회적 상호작용을 이해하는 토대가 된다고 했다. 이와 같은 의사소통기술은 관계를 시작하는 순간 시작되며 사회의 구성원으로서 자리를 잡아가는 데 중요한 역할을 한다.

본 절의 초입에 제시한 유아들의 놀이에서 무엇을 볼 수 있는가? 협력, 배려, 공감, 의사소통 등 유아들의 놀이를 이어주고 있는 많은 요인들을 찾아볼 수 있지만 그 중 "의사소통"이 돋보인다. 요리를 하기 위해 냄비를 찾는 종현이의 표현 그대로 "냄비"를 찾아주는 것이 아닌 상황에 적합한 "프라이팬"을 찾아주는 지우와 종현이 사이에 서로 자연스러운 소통이 일어나고 있다. 이렇듯 2명의 유아가 놀이를 이어갈 수 있었던 것은 서로의 이야기를 귀 기울여 듣고 상황에 대한 이해를 중심으로 의사소통이라는 기술을 적절히 사용했기 때문이다. 두 유아는 동일한 주제에 대하여 이야기를 주고받으며 문제를 해결하고 협동놀이로 확장해 나가고 있다. 이 놀이현장에는 사회적 능력 중 의사소통의 기술이 적절하게 사용되고 있었다. 이처럼 또래와의 관계를 유지하는 데 있어 의사소통은 매우 중요한 역할을 한다. 의사소통은 사회적 관계를 지속하고 발달시키는 가장 기본적인 요인이다. 인간은 상호작용을 통해 사회적 관계를 형성하고 사회적 활동에 대한 기초를 다지기도 한다. 이는 유아에게 있어서도 마찬가지이다. 그러므로 유아가 사회적 관계를 유지하며 살아감에 있어 언어는 가장 필요한 기본적인 기술이며 매우 의미 있는 부분을 차지한다(이차숙, 2004).

정보산업화 시대, 핵가족 시대의 현대사회를 살아가고 있는 유아들은 첨단매체의 발달로 과거에 비해 가족, 또래들과의 사회적 상호작용은 물론 일상생활에서 자신의 감정과 생각을 적절하게 표현할 수 있는 자연스러운 의사소통의 기회가 상대적으로 감소되고 있음이 염려스럽다(지성애, 김치곤, 이경희, 강현아, 신수경, 2009). 따라서 유아기는 또래에 대한 관심이 증가하고 사회적 상호작용의 기회를 많이 가져야만 하는 결정적 시기이므로 유아교육기관에서는 유아들이 다양한 또래들과 자연스럽게 어울리면서 의사소통 전략 등을 사용하며 적절한 사회적 행동을 발달시키는 충분한 시간을 제공해 주어야 한다.

닫는 글

> 내가 무슨 말을 했느냐가 중요한 게 아니라 상대방이 무슨 말을 들었느냐가 중요하다.
>
> 피터 드러커(Peter Ferdinand Drucker)

> 인간은 입이 하나 귀가 둘이 있다. 이는 말하기보다 듣기를 두 배 더 하라는 뜻이다.
>
> 탈무드

본 서의 1장과 2장에서 사회적 능력은 관계 맺기에서 출발하고 있으며 관계를 형성하는 과정에서 상대방의 마음 읽기가 중요한 요소이고 또한 상대방의 마음을 읽는 능력이 필요하다고 논의하고 있다. 본 장에서는 상대방의 마음을 바르게 읽고 나의 생각을 바르게 표현하는 기술을 통해 유아에게 사회적 능력이 왜 필요한가를 다루고자 하였다. 이에 따라 사회적 기술의 이해, 사회적 기술의 습득, 사회적 기술의 활용이라는 3단계로 살펴보았다. 먼저 사회적 기술의 이해에서는 사회적 능력과 사회적 기술의 관계에 대해서 살펴보고 사회적 기술의 개념, 내용, 중요성 그리고 결함이 생겼을 때의 위험요소에 대해서 제시했다. 두 번째로 사회적 기술의 습득에서는 사회적 기술의 발달과정과 사회적 기술의 형성에 영향을 주는 내 · 외적인 변인들에 대해서 제시하였다. 마지막으로 사회적 기술의 활용에서는 사회적 능력과 기술 향상의 주요 요인인 의사소통 능력과 의사소통기술에 대해서 살펴보았다.

사회적 기술의 구체적인 방법으로 제시하고 있는 의사소통 기술의 향상을 통해 유아가 주변 사람들과 원만한 관계를 형성하는 것은 이후 사회적 관계의 확대뿐 아니라 유아 본인의 능력을 안정적으로 키워나가는 기반이 될 수 있을 것이다. 이에 교육현장에서는 서로의 의도를 양방향으로 주고받는 소통의 기술을 직접 연습할 수 있는 기회를 충분히 제공할 필요가 있다. 우리는 표현언어의 연습 기회에 비해 수용언어의 연습 기회가 부족한 것이 사실이다. 특히 듣기에 대한 기술이나 중요성을 경험해주기엔 인색하다. 말하기 상황에서 듣기를 함께 다루어 줄 뿐 듣기를 체계적으로 지도하지는 않는다. 내 생각을 표현하기 이전에 상대방의 의도를 바르게 파악할 수 있는 능력, 그것은 수용언어의 지속적인 연습의 결과로 나타날 것이다.

아울러 사회적 의사소통을 돕는 비언어적 행동도 사회적 의사소통을 촉진하는 언어적 기술과 함께 학습하도록 격려하여야 한다. 무엇보다 중요한 것은 의사소통의 향상을 촉진시키

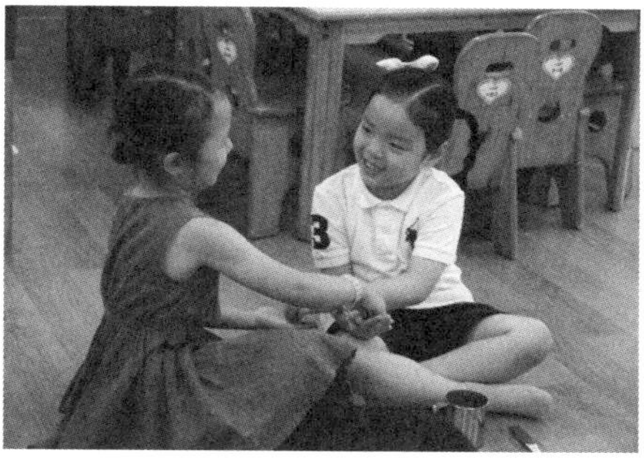

는 기술들이 각각 분리되어 학습되는 것이 아니라 통합되어 관계 맺기의 형태로 이루어지는 것이다. 그렇게 될 때, 유아는 의사소통기술을 학습함으로써 얻을 수 있는 양질의 상호작용과 그를 통한 다양한 학습의 효과를 포함하는 사회적 능력이 향상될 것이다.

생각해 봅시다

1. 나의 사회적 능력의 장 · 단점은 무엇일까요? 일상생활에서 경험해 본 사례들에 대해서 이야기를 나누어 봅시다.

2. 유아기에 필요한 사회적 기술은 무엇이라고 생각하나요? 그 기술들을 길러주기 위한 교사의 역할은 무엇인지 이야기를 나누어 봅시다.

3. 우리 반 유아들은 어떻게 소통을 하고 있을까요? 일상생활에서 소통의 기술이 적용되는 사례를 찾아 봅시다.

한 번 더 읽어볼 만한 책

Begun, R. W. (2006). **사회적 기술 향상프로그램**(응용발달심리연구센터 역). 서울: 시그마프레스. (원서 1995년 출판).

Obenchain, K. M., & Morris, R. V. (2011). *50 social studies strategies for k-8 classrooms* (3rd ed.). Upper Saddle River, N.J.: Pearson.

참고문헌

강현경 (2009). 유아 사회적 행동 척도 개발 및 타당화. 중앙대학교 대학원 박사학위논문.

권미란 (2016). 인성동화를 활용한 협동 게임 활동이 유아의 자기조절력과 사회적 기술에 미치는 영향. 경인교육대학교 교육전문대학원 석사학위논문.

김기영, 김춘경 (2003). 사회적 기술 증진 프로그램이 시설아동의 자아존중감과 사회적 기술에 미치는 효과. **한국아동복지학, 16,** 7-36.

김명숙 (2008). 어머니의 양육태도, 유아의 기질, 정서지능과 유아의 사회성 간의 관계. 목포대학교 대학원 박사학위논문.

김미진 (2013). 교사가 지각한 교사-유아 관계와 유아의 사회적 유능감과의 관계. 한국교원대학교 교육대학원 석사학위논문.

김순정 (2003). 유아의 사회적 능력에 따른 사회적 놀이의 연속적 변화 패턴. 이화여자대학교 대학원 석사학위논문.

김순환 (1998). 유아의 사회적 능력과 극놀이 참여형태와의 관계. 이화여자대학교 대학원 석사학위논문.

김영옥 (2014). **유아사회교육**. 파주: 양서원.

김영옥, 김우영 (2018). **유아사회교육: 사회적 능력과 기술 지원하기**. 서울: 학지사.

김영옥, 윤경선 (1999). 친사회적 토의활동이 유아의 사회적 기술에 미치는 영향. **한국아동학회지, 20**(3), 307-324.

김영옥, 이나영 (2008). 유아의 협동활동 프로그램 개발 및 효과. **유아교육연구, 28**(4), 313-331.

김우영 (2016). 예비유아교사의 유아사회교육에 대한 인식변화 연구. **인문사회 21, 7**(6), 281-296.

김우영, 김영옥 (2014). 명화감상을 활용한 유아의 사회적 기술 프로그램 개발 및 적용 효과. **유아교육연구, 34**(3), 263-290.

김혜민 (2008). 유아의 성별에 따른 교사-유아관계와 사회적 능력과의 관계. 계명대학교 교육대학원 석사학위논문.

김희태 (2012). 자유선택활동에서의 유아들의 의사소통의 의미. **유아교육학논집, 16**(4), 303-326.

류은경 (2018). 공감적 의사소통 활동이 유아의 의사소통능력에 미치는 영향. 한국교원대학교 교육대학원 석사학위논문.

민혜영 (1998). 유아의 사회성 발달에 영향을 미치는 환경변인과 개인 내적변인들에 관한 연구. 이화여자대학교 대학원 박사학위논문.

박경선 (2006). 유아의 가정환경과 언어능력 및 사회성의 관계. 전북대학교 대학원 석사학위논문.

박성연, 도현심 (1993). 성, 형제수, 출생순위 및 형제 성 구성에 따른 아동의 사회. **아동학회지, 14**(2), 35-47.

박정언 (2013). 또래 협력활동에서 융의 지능과 사회적 기술에 따른 쌍 집단구성별 스캐폴딩 효과와 과제 수행력. **유아교육연구, 33**(2), 321-342.

박진재 (2002). 아동의 또래관계 증진을 위한 사회적 기술 중재 프로그램의 효과. 연세대학교 대학원 박사학위논문.

박찬옥, 김영중, 황혜경, 엄정례, 조경서 (2001). **유아사회교육**. 서울: 정민사.

반금남 (2008). 사회적 기술 향상 프로그램이 초등학생의 자아탄력성 및 대인관계에 미치는 영향. 서울교육대학교 교육대학원 석사학위논문.

백경미 (1998). 유아의 인기도에 따른 의사소통기술과 친사회적 행동기술의 차이에 관한 연구. **아동교육, 7**(1), 270-282.

송나리, 박성연 (1993). 외동이의 사회적 능력 및 인지능력 발달에 관한 연구. **아동학회지, 14**(1), 91-107.

송명자 (2008). **발달심리학.** 서울: 학지사.

송민경 (2000). 형제자매의 구성변인에 따른 유아의 자아개념 및 도덕판단력에 관한 연구. 전남대학교 교육대학원 석사학위논문.

송수희 (2006). 유아의 사회적 의사소통 기술 향상 프로그램의 효과. 강원대학교 대학원 박사학위논문.

안경숙 (1994). 유아의 인지양식에 따른 언어표현의 차이. 계명대학교 교육대학원 석사학위논문.

안라리 (2005). 유아의 개인변인 및 어머니의 정서성과 유아의 정서 발달, 사회적 능력의 관계. 이화여자대학교 대학원 박사학위논문.

엄은나 (2006). 유아의 의사소통 능력 향상을 위한 프로그램 구성 및 적용효과. 중앙대학교 대학원 박사학위논문.

여연승 (2003). 교사-유아 관계가 유아의 사회적 유능감과 또래수용에 미치는 영향. 숙명여자대학교 대학원 석사학위논문.

오영주 (2008). 유아의 언어능력과 또래유동성의 관계. 서원대학교 교육대학원 석사학위논문.

윤승이 (2006). 사회적 기술 훈련 프로그램이 또래 아동의 유능성과 수용도에 미치는 효과. **초등교육학연구,** 13(2), 269-286.

이경희, 최경순 (1992). 아동의 대인간 문제 해결력과 사회적 능력과의 관계. **아동학회지,** 13(2), 83-97.

이영자, 유효순, 이정욱 (2001). **주제중심의 통합적 접근방법에 의한 유아사회교육.** 서울: 교문사.

이용주, 윤지영 (2004). 유아의 의사소통능력이 사회적 능력에 미치는 영향. **열린유아교육연구,** 9(3), 265-280.

이원영, 박찬옥, 노영희 (1993). 유아의 사회성 발달을 위한 프로그램 개발연구. **유아교육연구,** 13(1), 65-91.

이은아 (2012). 유아의 기질, 아버지의 양육태도와 유아의 사회성 발달과의 관계. 경희대학교 교육대학원 석사학위논문.

이은영 (2009). 유아의 기질과 부모의 양육태도가 유아의 사회성 발달에 미치는 영향. 강남대학교 교육대학원 석사학위논문.

이은정 (2008). 만3세 유아-교사의 애착안정성과 사회적 기술 및 문제행동과의 관계. 배재대학교 대학원 석사학위논문.

이정아 (2017). 유아들의 사회적 상호작용에서 나타나는 의사소통에 대한 해석학적 이해. 중앙대학교 대학원 박사학위논문.

이차숙 (2004). **유아언어교육의 이론적 탐구**. 서울: 학지사.

이현숙 (2003). 사회적 기술 훈련 프로그램이 수줍음 아동의 사회적 기술, 불안, 우울, 자아존중감에 미치는 효과. 계명대학교 대학원 석사학위논문.

이현주 (2000). 외동아와 형제아의 언어능력과 사회성간의 관계 연구. 성신여자대학교 대학원 석사학위논문.

이형덕 (2000). 유아의 성(性), 출생순위 및 부모의 양육태도가 유아의 친사회적 행동에 미치는 영향. 덕성여자대학교 교육대학원 석사학위논문.

이혜경 (2017). 토의를 통한 나눔활동이 유아의 의사소통 능력 및 사회적 기술, 공동체의식에 미치는 영향. 중앙대학교 교육대학원 석사학위논문.

정현빈 (2010). 유아의 사회적 기술이 유아의 또래놀이 상호작용에 미치는 영향. 덕성여자대학교 대학원 석사학위논문.

지성애, 김치곤, 이경희, 강현아, 신수경 (2009). 연령집단 구성에 따른 유아의 의사소통전략과 사회적 행동. **유아교육연구,** 29(3), 23-47.

최선희 (2014). 유아의 사회적 능력에 영향을 미치는 유아, 어머니 및 교사변인에 관한 연구. 경기대학교 대학원 박사학위논문.

최형원, 김덕건 (2002). 유아교육기관에의 협동학습 모형 적용 II: STAD 모형 적용이 사회적 유능감에 미치는 효과를 중심으로. **열린유아교육연구, 7**(3), 81–107.

한국유아교육학회 (1996). **유아교육사전**. 서울: 한국사전연구사.

허수연 (2008). 사회적 기술 습득을 위한 활동-중심 삽입 교수가 장애 유아의 사회적 상호작용에 미치는 영향. 이화여자대학교 대학원 석사학위논문.

현금옥 (2003). 어머니 양육 아동과 타인 양육 아동의 사회성에 대한 연구. 한남대학교대학원 석사학위논문.

황지영 (2000). 유아의 기질과 어머니의 양육행동 및 유아의 사회적 능력과의 관계. 인제대학교 교육대학원 석사학위논문.

황혜정, 김경희 (1999). 유아의 사회적 능력과 정서지능과의 관계에 대한 연구. **아동학회지, 20**(3), 139–151.

Asher, S. R., & Coie, J. D. (1990). *Peer rejection in childhood.* New York, NY: Cambridge University Press.

Bedel, J. R., & Lennox, S. S. (1997). *Handbook for communication and problem-solving skills training*. New York, NY: John Wiley & Sons, Inc.

Begun, R. W. (2006). **사회적 기술 향상프로그램.** (응용발달심리연구센터 역). 서울: 시그마프레스. (원서 1995년 출판).

Caldarella, P., & Merrell, K. (1997). Common dimension of social skills of children and adolescents: A taxonomy of positive behaviors. *School Psychology Review, 26*(2), 264–278.

Coie, J. D., & Kupersmidt, J. B. (1983). A behavior analysis of emerging social status in boy's groups. *Child Development,* 54, 1400–1416.

Defalco, K. (1997). What is emotional intelligence: Educator's commentary. In P. Salovey & D. J. Sluyter(Eds.). *Emotional development and emotional intelligence: Educational implications*. New York, NY: Basic Books.

Elliott, S. N., & Gresham, F. M. (1987). Children's social skills: Assessment and classification practices. *Journal of Counseling & Development*, *66*(2), 96–99.

Fantuzzo, J. W., Manz, P. H., & McDermott, P. (1998). Preschool version of the social skills rating system: An empirical analysis of its use with low-income children. *Journal of School Psychology, 36*(2), 199–214.

Farver, J. A. M. (1996). Aggressive behavior in preschoolers social networks: Do birds of a feather flock together? *Early Childhood Research Quarterly, 11*(3), 333–350.

Faulkner, D. (1995). Play, self and the social world. In P. Barnes (Eds.), *Personal, social and emotional development of children*(pp. 231–286). Oxford: Balckwell Publishers in association with The Open University.

Gresham, F. M., & Elliott, S, N. (1984). Advances in the assessment of children's social skills. *School Psychology Review, 13*, 292–301.

Gresham, F. M., & Elliot, S. N. (1990). *Social skills rating system manual.* Circle Pines, MN: American Guidance Service.

Gumpel, T. (2007). Are social competence difficulties cause by performance or acquisition deficits? the importance of self–regulatory mechanisms. *Psychology in the School, 44*(4), 351–372.

Howes, C. (1997). Teacher sensitivity, children's attachment and play with peers. *Early Education and Development, 8*(1), 41–49.

Katz, L. G., & McClellan, D. E. (2001). **어린이들의 사회적 능력 배양: 교사의 역할** (홍용희 역). 서울: 양서원. (원서 1997 출판).

Kelly, J. A. (1982). *Social skill training, A practical guide for intervention.* New York, NY: Springer Publishing Company.

Maccoby, E. E. (1980). *Social development Psychological growth and the parent-child relationship*. New York, NY: Harcourt Brace Jovanovich.

McClelland, M. M. (2002). *The emergence of work-related skills in preschool children.* Unpublished Doctoral Dissertation. Loyola University.

McFall, R. (1982). A review and reformulation of the concept of social skills. *Behavioral Assessment, 4,* 1–33.

Raver, C. C., & Ziegler, E. F. (1997). Social competence: An untapped dimension in evaluation Head Start's success. *Early Childhood Research Quarterly, 12*(4), 363–385.

Rinn, R. C., & Markle, A. (1979). Modification of skill deficits in children. In A. S. Bellack & M. Hersen (Eds.), *Research and practice in social skills training*. New York, NY: Plenum Press.

Rubin, K. H., & Borwick, D. (1984). Communicative skills and sociability. In H. E. Sypher, & J. L. Applegate (Eds.), *Communication by children and adults, 5* (pp. 152–170). London: Sage Publications Inc.

Shaffer, D. R. (2006). *Social and personality development* (4th ed.). Belmont, C.A.: Wadsworth/Themson Nearning.

Sheidan, S. M. (1997). *Tough kid social skills*. Longmont Co: Sopris West.

Trower, P. E., & Bryant, B. M. (1978). *Social Skills and Mental Health.* London: Methuen.

CHAPTER 4

사회적 능력과 좋은 삶

사회적 능력과

좋은 삶

여는 글

1994년 세계적인 첼로 신동으로 주목받았던 장한나가 25년이 지난 2019년 11월 세계적인 지휘자로 성장해 멋진 오케스트라 한국 공연을 펼쳐 화제가 되었다. 첼로 신동에서 세계적인 지휘자로 성장한 장한나에 대한 기사들 중 "첼로 거장이 신동 장한나에게 적어준 쪽지에 담긴 내용"이라는 타이틀의 기사가 눈길을 끈다(한국경제신문, 2019.11.15). 인터뷰에서 장한나는 천재 소녀 첼리스트를 지도했던 세계적 거장 로스트로포비치의 색다른 가르침을 이야기한다. 로스트로포비치 선생님은 쪽지에 "한 달에 4번 이상 연주하지 말기, 음악 안 하는 친구와 놀기, 어린 시절을 최대한 즐기기, 남들이 가는 학교를 가서 남들이 경험하는 것을 즐기기…"를 친필로 적어주시며 "보통의 삶을 충분히 즐기면서 살아라!"라고 당부하였다고 한다. 아마도 로스트로포비치 선생님께서는 천재 소녀 첼리스트에게 세계적 연주자이면서 동시에 사회 속에서 사람들과 함께 음악으로 교류하는 행복한 한 사람으로 성장해야 함을 가장 중요하게 알려주고 싶으셨던 것 같다. 천재적인 음악 연주도 결국 그 음악을 누군가가 듣고 함께 음악을 느끼며 교류가 일어나야 연주가는 더 좋은 음악을 연주하고 싶고 또 연주해야 하는 이유도 생기게 된다. 장한나가 첼로 거장에게 받았던 가르침은 우리 모두에게 사회적 존재로서 타인과 함께 하는 사회적 능력이 우리의 삶에 매우 중요한 영향을 미치며 장한나뿐만 아니라 모든 유아가 어릴 적부터 사회적 관계 속에서 다양한 경험과 상호작용을 할 수 있는 능력을 키워갈 수 있도록 교육하고 도와주어야 한다는 시사점을 제시해준다. 즉 인간이 추구하는 삶, 좋은 삶은 사람과의 관계를 맺고 그 관계를 이어가며 사람과 함께 할 수 있는 능력이 매우 중요함을 인식하게 한다.

오랫동안 인간은 좋은 삶을 '행복한 삶'으로 여기고 삶의 목적으로 많은 철학적 논의와 탐구를 이어왔다. 이에 본 장에서는 우리 모두가 꿈꾸는 좋은 삶에 있어서 사회적 능력의 중요성과 가치에 대해 생각해 보고, 사회적 능력에 문제가 있을 때 나타나는 여러 문제 상황에 대해 살펴보고자 한다. 다음으로 사회적 능력의 향상을 위한 회복탄력성에 대해 살펴보고자 한다.

좋은 삶

다음은 최근 4년제 대학교 유아교육과의 교과 수업 중 학생들과 나눈 대화의 일부를 정리한 내용이다. 수업 중간에 교수는 예비 유아교사들에게 '좋은 삶이란 어떤 삶일까?'라고 물었더니 대다수의 학생들이 '행복한 삶'이라고 이야기하였다. 그 다음으로 '여러분은 행복한가요?' 그리고 '가장 행복한 순간은 언제였나요?'에 관해 질문한 후 예비유아교사들이 대답한 내용을 정리한 자료이다.

행복한 순간!

★친구들이랑 놀 때
★가족들끼리 모여 이야기할 때
★내가 좋아하는 사람에 대해 자세히 알아갈 때
자유롭게 생활할 때
★친구와 여행할 때
★가족과 여행할 때
★엄마와 쇼핑할 때
내가 노력했던 것(목표했던 것)이 좋은 결과를 나타내었을 때
내가 좋아하는 일을 할 때
맛있는 음식을 먹을 때
혼자 조용히 멍 때리며 노래 들을 때
★좋아하는 사람(연예인 등)을 볼 때
향이 좋은 차를 마시며 쉴 때
★세계 여행 중 새로운 친구를 만나 다양한 문화를 접할 때
★나의 마음을 상대방이 알아주었을 때
열심히 아르바이트를 하고 월급이 들어올 때
반려견이 나를 반겨줄 때
일과를 마치고 하루 계획했던 것을 모두 다 완료했을 때

M대학교 L교수의 수업 포트폴리오 중

행복한 순간에 대한 학생들의 18개 답변들 중 ★표시된 9개 내용이 가족이나 친구 또는 다른 사람과 함께 있는 순간임을 볼 수 있다. 위의 내용은 수업 중 20명의 학생들과 행복에 대해 짧은 시간 동안 나눈 대화의 일부일 뿐이지만 인간이 느끼는 행복감의 대부분이 사람들과 함께 관계를 맺고 교류하는 순간에서 비롯됨을 엿볼 수 있다. 이는 사람이라는 동물은 극도로 사회적이며 이 사회적 특성 덕분에 놀라운 생존력을 갖게 되었고 인간의 뇌는 온통 사람 생각뿐으로 희로애락의 원천은 대부분 사람이며 일상의 대화를 엿들어 보면 70%가 다른 사람에 대한 이야기(Liberman, 2013; 서은국, 2014)였다는 학자의 주장을 확인하게 해 주는 대화였다.

아리스토텔레스가 '행복은 삶의 궁극적인 목적이다'라고 한 이후 오랜 세월 우리는 행복을 삶의 목적으로 여겨왔다. 많은 사람들이 좋은 삶을 꿈꾸며 인생을 살아가고 이루어가야 할 목표로 행복을 인식해 온 것이 사실이다. 그런데 최근 인간의 행동을 과학적으로 분석하는 사회심리학과 신경생리학 분야의 연구들에서 행복과 관련된 뇌의 모듈을 밝혀내고 진화론적 시각과 과학적 근거에 기반을 두고 행복의 의미를 새롭게 제시하여 우리가 행복에 대해 갖고 있었던 의미를 재해석하게 하고 있다(서은국, 2014).

> 꿀벌은 꿀을 모으기 위해 존재하는 것이 아니고, 인간도 행복하기 위해 사는 것이 아니다. 벌도 인간도 자연의 일부이며 이 자연 법칙의 유일한 주제는 생존이다. 꿀과 행복, 그 자체가 존재의 목적이 아니라 둘 다 생존을 위한 수단일 뿐이다. 즉, 행복하기 위해 사는 것이 아니라 살기 위해 행복감을 느끼도록 설계된 것이 인간이다.
>
> 서은국(2014).

사회적 능력 : 호모 사피엔스만의 독특성

인간은 20만 년 전 아프리카에서 탄생한 호모 사피엔스의 후예들로 포유류나 파충류에 비해 상대적으로 규모가 큰 집단을 이루고 사회생활을 하며 살아가는 특징을 가진 영장류에 속한다. 최근 인간만이 가진 독특한 특성이 바로 사회적 특성에서 기인되었다는 주장이 과학적인 근거와 함께 제기되었다(장대익, 2017). 인간은 타인과 마음을 주고받으며 대규모의 협력이 가능하고 서로 끊임없이 상호작용을 할 수 있는 사회적 능력이 있었기에 지구에서 가장 빛나는 존재가 될 수 있었다는 주장이다.

이를 주장한 장대익 교수는 유일하게 호모 사피엔스만이 꽃피운 '문명'은 바로 사회성의 산물이며 이러한 인간의 사회성을 '초사회성(ultra-sociality)'이라고 명명하고(장대익, 2017) 다음과 같이 그 중요성을 강조하고 있다.

> 호모 사피엔스의 사회성은 엄마 뱃속에서 세상으로 나올 때부터 발현된다. 영장류 중 유일하게 직립 생활을 하는 호모 사피엔스의 아기는 미숙하기 짝이 없다. 유아독존하려는 아기는 단 하루도 생존할 수 없다. 아기에게 생리적 욕구나 안전의 욕구보다 더 근본적인 것은 도움을 받고자 하는 '사회적 욕구'이다.
>
> 장대익(2017).

우리는 매슬로우(Maslow)가 제시한 욕구 피라미드에 대해 많이 알고 있다. 매슬로우는 인간 욕구를 위계적으로 구성한 욕구 피라미드를 제시하였다. 욕구 피라미드의 맨 밑에는 가장 기본적인 생리적 욕구, 그 위로 안전의 욕구, 애정과 소속감 등의 사회적 욕구, 존경의 욕구가 순서대로 놓이고 맨 위에 자아실현의 욕구가 위치한다. 우리는 사랑, 소속감, 타인의 존경을 받고 싶은 욕구 등에 대해 꼭 필수적이라기보다 있으면 더 좋은 욕구이며 자아실현 욕구는 화룡점정 같은 것으로 여겨왔다. 그러나, 앞서 언급된 바와 같이 최근 이 매슬로우의 인간 욕구 5단계에 대한 다른 시각적 접근의 주장이 제기되었다. 인간의 생존과 번식에 필요한 부모, 친지, 친구, 동료 등과의 관계인 사회적 연결망이 없으면 아이는 생존 자체가 불가능하다며 무기력한 아기에게 가장 우선적으로 중요한 생존 전략은 바로 자신의 욕구를 충족시켜 줄 존재를 찾는 것으로 사회적 욕구가 가장 필수적일 수 있다는 주장이다(장대익, 2017). 즉, 사회적 욕구가 생리적 욕구나 안전의 욕구를 사회적 방식으로 먼저 충족시켜 주기 위한 보다 더 근본적인 욕구라는 점을 강조한 것이다.

하버드 대학의 에드워드 윌슨(Wilson, 2012)은 생존과 생활에 사회적 욕구가 중요한 요인임을 근거로 극도의 사회성이 인간의 지구상에서 생존을 가능하게 하고 지구를 정복할 수 있게 했다면서 이를 '사회적 정복(Social Conquest)'으로 표현했다. 인간은 사람과 어울리며 집단에 소속되고자 하는 본능과 욕구를 충족하기 위해 집단과 사회가 수용하는 사회적 규범을 알고 지키며 사회적으로 수용되는 사회적 행동(Social behavior)을 배우고 이를 위해 노력한다. 이와 같이 인간은 사회(society)라는 사회적 맥락과 상황 하에서 다양한 사회적 관계와 집단을 형성하며 살아가는 사회적 존재임이 분명하고 따라서 사회적 존재로서 살아가기 위해서는 사회적 능력이 중요함은 더 이상 설명이 필요 없을 듯하다.

사회적 적응이 어려운 유아

유아기는 다른 사람과 관계를 맺고 사회에 적응해가는 데 필수적인 사회적 유능감의 기초를 형성해가는 중요한 시기이다(이지영, 장원호, 김민진, 2018). 유아는 부모와의 상호작용을 기초로 다른 사람과 사회적 관계를 확장해가며 사회적 유능감을 키워간다. 사회적 유능감이 높은 유아는 긍정적인 자아개념을 가지고 또래와 어울리기를 좋아하며, 다른 사람과 갈등이 생겼을 때도 원만히 해결해가며 사회에 적응한다. 우리는 타인과 관계를 맺고 상호작용을 하는 과정에서 때론 욕구 좌절을 경험하기도 하고 심리적 불안을 느끼기도 한다. 일상생활 속에서 타인과 사회적 상호작용을 하다 보면 갈등을 경험하고 상대방의 공격성 또는 낯가림과 수줍음으로 어려움에 직면하기도 하는데 이러한 갈등 일으키기, 공격적 행동, 낯가림과 수줍음 등을 나타내는 모든 유아가 사회적 관계 형성능력 및 적응에 심각한 문제를 가졌다고 판단하지는 않는다. 대부분 정상적인 발달과정에 있는 유아들도 성장과정에서 자연스럽게 수줍음, 지나친 조심성, 친구 밀기, 때리기, 장난감 뺏기 등 갈등을 일으키기도 하고 어려움에 처할 때도 있다(이순자, 유수옥, 2012). 유아들이 낯선 상황에서 나타내는 수줍음과 조심성은 적절한 반응인 경우가 많다. 즉, 개인의 수줍음, 위축, 사회적 고립, 공격성 등은 발달적 특성과 그 처한 상황, 반응 행동과 정도에 따라 사회적 관계 형성과 유지, 사회 적응에 문제가 있는지에 대한 판단이 달라진다. 예를 들어, 2~3세의 유아들이 나타내는 두려움과 수줍음은 적절하나 4~5세 유아의 경우는 관심을 두고 지켜보며 사회적 능력 발달에 문제를 가진 것인지 관찰이 필요하다. 우리 주변에는 사회적 관계 형성과 관련하여 외로움, 우울, 고독을 호소하고 사회 속에 적응해 살아가는 데 어려움을 가진 상당수의 사람이 있다(정기헌, 2010). 이런 경우 전문가들은 유아기에 경험한 사회적 · 정서적 관계에서 그 원인을 찾고 사회적 적응을 돕기 위한 여러 도움이 필요함을 언급한다(정기헌, 2010). 전문가들은 다른 사람과 관계를 형성하고 유지해가는 사회적 능력에 문제가 있을 경우 다른 영역의 발달과 연계되어 사회에 적응하지 못하고 지속적으로 부정적 영향이 확대될 가능성이 높기 때문에 세심한 관찰을 통한 빠른 개입과 지도가 필요하다고 말한다(김연, 한태숙, 정인희, 박연경, 황혜정, 구현아, 2006; 우수경, 2007).

유아기에 형성된 사회적 능력은 유아의 생활에서의 또래와 교사와의 관계뿐만 아니라 유아의 문제행동, 대인문제해결력, 환경적응 등 다양한 생활 장면에까지 영향을 미치는 중요한 요인이다(고인숙, 이정숙, 2008; 손복영, 2015; 이유진, 2016). 사회적 능력은 긍정적 대인관계를 형성 · 유지하고 유아의 문제행동을 감소시킨다. 사회적 능력이 높은 유아의 경우 대인관계에서 위축과 따돌림을 당하는 비율이 낮고 낮은 학업수행이나 학교

중도탈락 등의 사회 부적응 문제를 일으킬 가능성이 낮다(우현희, 김영희, 2016). 사회적 능력에 문제가 있는 유아는 주변 사람들과의 낮은 상호작용, 그리고 다른 사람으로부터의 부정적 반응을 반복적으로 경험하며 원만한 사회적 관계 형성에 어려움을 보인다(김정원, 강숙현, 전선옥, 최윤정, 1999; 이찬숙, 현은자, 2008).

사회적 유능감이 낮은 유아는 사회관계의 기술 부족으로 인해 타인으로부터의 거부, 적의, 당황 등의 부정적 경험을 갖게 되고 그로 인해 사회 속에 적응이 힘들고 문제행동을 나타낸다. 그리고 유아가 성장해가면서 사회적 관계성, 직업적 성취, 심리적 건강상에 있어서 여러 장애를 보인다(우수경, 2007). 유아에게 대인관계는 만족감, 동료애, 즐거움의 주요 근원으로 타인과 관계를 시작하고 유지하는 능력이 부족하면 외로움 등 여러 어려움을 갖게 된다. 흔히 우리는 외로움이 청년기나 성인기에나 나타나고 심각하게 진행되는 것으로 생각하지만 나이가 어린 유아도 외로움이라는 만성적인 정서를 갖게 되고 지속적으로 이어질 수 있는 부정적 영향을 받게 된다. 유아가 경험하는 외로움은 집단 안에 끼지 못한다든지, 친구가 없다든지, 또래 친구들이 거부한다든지 등에 대한 유아의 인식이나 신념과 연합된 슬픈 감정을 의미한다. 외로움이라는 만성적이고 실질적인 느낌을 경험한 유아는 정서적인 스트레스를 겪게 된다.

문제행동

사회 적응을 위한 필수 변인인 사회적 능력과 문제행동의 관련성을 살펴본 선행연구들(김동일, 이대식, 신종호, 2003; 김선희, 김경연, 1999; 최수미, 김동일, 2010)에서는 사회적 기술이 부족한 유아는 또래와 신체적 공격, 말다툼, 규칙위반, 위축과 고립 등의 외현화 · 내재화 문제행동을 나타내는 경우가 많고 그로 인해 사회적 고립을 경험한 경우 성인이 되어 알코올 중독, 이혼 등의 부적응을 겪게 되는 경향이 높다고 보고하고 있다.

문제행동은 인지, 정서, 신체, 사회성, 도덕성 등 유아의 전인적 발달과정에서 보이는 행동이 그 발달시기에 부적절하거나 역기능적으로 나타나는 것을 의미하며 다루기 힘든 행동, 행동문제, 역기능적인 행동, 부적절한 행동, 잘못된 행동 등의 용어와 혼용되고 있다(이순자, 유수옥, 2012). 일반적으로 문제행동은 사회구성원들에게 수용되지 못하는 부적절한 행동과 타인과 관계를 맺지 못하는 부적응 등 사회적 지식, 기술의 문제로 인한 여러 행동문제를 일컫는다. 머렐(Merrell, 1996)은 사회적 능력을 사회적 기술과 행동문제의 두 요인으로 구성하고 취학 전 유아를 위한 척도인 유아행동평정척도(Preschool and kindergarten behavior scales: PKBS)를 개발하였다. 머렐은 사회적 능력을 사회적 적응과 관련된 사회적 기술 하위요인과 유아의 내재적, 외재적 행동문제를 반영한 문제행동의 두 개 하위 요인으로 구분하였다(Merrell, 1996). 사회적 기술로는 성인, 또래와 관련된 사회적 적응을 반영하는 협력성, 타인으로부터 우정과 포용을 유지하고 얻는 것과 관련된 상호작용, 또래그룹 영역 속에서 사회적 독립성에 도달하는 독립성으로 구성하였다. 행동문제는 외재적 행동문제와 내재적 행동문제로 나뉘며 외재적 행동문제는 변덕스럽고 경솔하며 예측할 수 없는 행동을 포함하는 자기중심성, 행동과다, 위협적인 행동의 공격성을 포함하였다. 그리고 내재적 행동문제는 다른 아이들을 회피하고 위축하는 성향인 사회적 위축, 두려움, 긴장, 걱정하는 성향을 포함하고 있는 불안으로 구성하였다(유경숙, 2015). 또한 국내 많은 연구들에서 유아의 문제행동 평가를 위해 주로 사용되었던 검사도구에서도 문제행동 유형을 살펴볼 수 있다. 아헨바흐(Achenbach, 1991)가 제작하고 오경자와 김영아(2009)가 표준화한 한국판 K-CBCL(Korean-Child Behavior Checklist: 한국아동 · 청소년 행동평가척도) 1.5-5의 문제행동증후군 척도가 있다. 한국아동 · 청소년 행동평가척도(K-CBCL 1.5-5)는 만 18개월부터 만 5세까지 유아의 문제행동을 평가하는 체크리스트로서 내재화 문제, 외현화 문제, 총 문제행동의 3개 영역, 8개 하위 증후군으로 구성되어 있다. 앞에서 살펴본 PKBS, K-CBCL의 8개 하위 증후군 척도 중 내재화 문제의 하위 증후군으로는 정서적 반응성, 불안/우울, 신체증상, 위축 문제가 포함되어 있고, 외현화 문제의 하위 증후군으로는 주의집중 문제, 공격행동 등이 포함되어 있다. K-CBCL 이외에 문제행동 측정 도구에서도 일반적으로 공격성, 주의산만, 도덕성, 우울, 불안, 틱,

배설, 섭식, 섭식회피, 인지발달, 성 문제 등을 문제행동으로 평가하고 있다(고인숙, 이정숙, 2007; 오경자, 김영아, 2009).

이와 같은 유아 행동평가척도나 문제행동 관련 연구들에서는 유아의 문제행동을 갈등이 표출되는 방향에 따라 외현화 문제(externalizing problem)와 내재화 문제(internalizing problem)로 구분하고 있다(김연, 한태숙, 정인희, 박연경, 황혜정, 구현아, 2006). 외현적 문제행동은 유아가 자신의 행동을 사회적으로 수용되는 행동으로 통제하지 못하고 공격성, 과잉운동, 거짓말, 도벽, 다른 사람을 괴롭히거나 물건을 부수는 등의 행동적인 문제를 나타내는 것을 의미하며, 내재화 문제행동은 자신의 행동을 지나치게 억제하거나 자신의 감정과 생각, 행동을 적절히 표현하지 못하는 외로움, 위축, 불안, 우울, 두려움 등의 정서적인 문제행동을 의미한다(허순영, 2004; Achenbach & Edelbrock, 1983).

바이어 등(Beyer, Postert, Muller, & Furniss, 2012)은 내재화된 문제를 가지고 있는 유아들은 지속적으로 내재화된 행동문제가 유지되고, 외현화 문제를 지니고 있는 유아들은 외현화 증상과 더불어 내재화 증상이 결합되는 등 행동문제가 지속되고 점차 복합적 문제행동으로 나타난다고 지적하였다(지성애, 이동엽, 2016에서 재인용). 선행연구들 대부분에서는 사회적 능력이 높은 유아는 위로와 기분 전환과 같은 적응적인 행동적 기술을 보여주며 다른 사람에게 공격적 행동을 억제할 수 있어(김래희, 2016; 박진희, 2016) 대체로 사회적 능력이 높은 유아가 내재화 · 외현화 문제행동이 적다고 밝히고 있다(김성현, 지성애, 2015; 허순영, 2004).

이상을 종합해보면, 유아의 사회적 적응 및 사회적 능력 발달과 관련하여 주의 깊은 관찰이 필요한 문제행동으로 수줍음, 외로움, 위축(사회적으로 소극적인 태도를 자주 보임), 신체적 증상(의학적으로 아무 이상이 없는데 신체적 통증 호소), 불안(정서적으로 우울하고 지나치게 걱정이 많고 불안해함)과 같은 내재화 문제행동과 주의 문제(필요 이상으로 충동적 혹은 과도한 행동을 보이거나 집중하지 못함), 공격성(말다툼, 싸움, 반항 행동을 보임), 과잉행동 등의 외현화 문제행동으로 정리할 수 있다. 다음에서는 사회적 능력과 관련하여 나타나는 유아 외현화, 내현화 문제행동의 특성과 어려움에 대해 보다 구체적으로 살펴보자.

외현화 문제 : 자기중심성, 행동과다, 공격성

자기중심성

"아이가 너무 이기적이에요. 자기 생각만 해서 얄미울 때가 있어요."라는 말을 하는 선생님들이 있다. 유아의 자기중심성은 다른 사람이 자신과 다른 생각과 느낌을 가질 수 있다는 조망수용능력이 아직 충분히 발달하지 않아서 발생하는 특징이기도 하다. 그러나 발달과정에서 자연스레 나타날 수 있는 정도 이상의 자기중심성으로 인해 사회적 관계 형성과 유지, 적응에 문제가 있을 경우는 적극적인 관찰, 원인 분석과 적절한 지도가 필요하다. 이때 부모나 교사에 의해 적절한 개입이 이루어지지 않고 만약 자기중심적 특성이 더욱 강화된다면 정말

이기적이고 자기중심적인 아이로 성장하게 되고 문제행동으로까지 이어질 수 있다.

행동과다 및 공격성

한시도 가만히 있지 않고 높은 곳에서 뛰어 내리고 또래 친구들을 발로 차거나 때리는 등의 공격적인 행동을 나타내는 유아들이 있다. 가장 심각한 문제를 야기하는 사회적 어려움은 바로 공격성이다. 이 유아들은 화를 잘 내거나 쉽게 기분을 바꾸는 등 정서적인 통제가 어려우며 자신의 의사와 감정을 공격적인 행동으로 표현한다. 흔히 자신이 속한 집단의 관습과 또래 문화의 규준에 대한 사회적 지식과 기술이 부족한 유아들에게서 공격성 같은 외현화 문제행동이 표출되는 경향이 있다.

> ○○이는 호기심이 아주 많다. ○○이가 유치원에 등원하면 자유선택활동 시간에 ○○의 문제행동으로 자주 우는 아이가 생긴다. ○○이는 뚜렷한 목적 없이 교실을 배회하며 친구들에게 공격적인 행동을 한다. 또래를 때리고 지나가고 친구들이 보던 책을 뺏거나, 그리고 있는 그림, 조형물, 쌓고 있는 블록들을 망가트리는 등 친구들을 괴롭히고 놀이를 방해한다. ○○에게 공격당한 경험이 있는 또래 유아의 부모들은 매우 걱정을 하며 유치원에 ○○이가 없는 학급으로 변경을 요구한다. 담임교사는 ○○이가 순식간에 나타내는 공격적 행동을 막기 위해 ○○이를 쫓아다니고 우는 아이를 달래기에 급급하며 하루를 보낸다. 사실 교사는 다른 유아들의 안전을 보호하기 어렵고 힘듦을 호소한다.

김진희, 백유순(2013).

내재화 문제 : 사회적 위축, 두려움 · 긴장 · 불안

일반적으로 불안과 두려움으로 힘들어하는 유아들은 소극적 행동을 하며 또래의 무관심과 거부로 더욱 위축되고 사회적 관계 형성에 어려움을 호소하며 사회적 적응을 힘들어한다(권지은, 정재은, 김성현, 2015). 위축, 불안, 우울, 두려움, 외로움과 같은 내적 특성을 가진 유아들은 부정적인 자아 지각으로 또래와 상호작용을 못하며 집단으로부터 소외되는 경향을 보인다. 유아기에는 이러한 점이 간과되기 쉬우나 이후 또래집단에서 사회적으로 실패한 경험이 누적되어 쌓이게 되면 심각한 불안, 외로움, 우울 등까지 동반하게 되는 등 지속적으로 부정적 영향을 받을 가능성이 있다(양명재, 방희정, 2014). 이러한 두려움 · 불안 · 우울, 위축행동은 유아의 사회적 적응과 상호작용과 밀접하게 관련되며 향후 심각한 내재화 및 외현화 문제행동의 원인이 된다(이영애, 2018).

만 5세 ○○는 유치원에 있는 대부분의 시간을 선생님 옆에만 있다. 집단 활동을 할 때에도 선생님과 짝이 되어 하고 친구들이 놀이하는 것을 바라보기만 한다. ○○는 또래에게 말을 잘 하지 않고 또래들도 ○○이에게 거의 말을 걸지 않는다. 사실상 ○○는 정상적인 언어능력을 갖고 있고 선생님과는 대화를 잘 하지만 친구들과 비슷한 신체 발달 특성을 가지며 혼자 놀잇감 가지고 놀기 등을 하는 데는 문제가 없다. 그러나 놀이 활동에서 ○○이는 또래가 묻는 질문에 "응" 또는 "아니"의 간단한 응답 이외에 또래와 얘기하며 함께 노는 경우는 거의 없다. 친구들은 ○○를 투명인간 취급한다. ○○는 자신만의 고립 상태에 적응을 했는지 혼자 있는 것에 익숙해 보일 때도 있고 외로워 보이기도 한다.

○○어린이집 교사의 관찰 기록 중

앞의 사례에서처럼 만 3세 이후에도 또래와 어울리기보다는 혼자만 또는 성인과만 상호작용하는 유아의 경우는 다른 영역의 발달이 정상적으로 발달하고 있는지 확인이 필요하다. 이런 경우 흔하진 않지만 자폐스펙트럼, 아스퍼거증후군 또는 반응성 애착장애와 같은 진단이 내려지기도 한다. 따라서 유아의 사회적 상호작용에 대한 주의 깊은 관찰과 필요 시 전문가와의 협조도 중요하다.

이상에서 살펴본 사회적 관계 형성과 유지에 어려움을 가진 유아가 나타내는 문제행동의 원인은 유아 기질, 부모의 양육태도, 교사의 태도, 가정환경 또는 유치원 환경 등으로 다양하지만 많은 연구 결과들에서 문제행동의 주요 원인을 유아 사회적 능력의 문제에 있다고 판단한다(문장원, 정병종, 박상대, 2017). 이는 유아의 사회적 능력이 행동문제의 대표적 원인이면서 동시에 문제행동을 예방할 수 있는 주요 변인(김성현, 지성애, 2015)이기도 함을 시사한다. 따라서 유아가 사회에 적응하고 문제 상황에 처하지 않도록 예방하기 위해 유아교육 학계와 교육현장에서는 유아의 사회적 능력 형성과 향상을 위한 세심한 관찰, 체계적인 교육과 적극적 지원이 필요함을 알 수 있다.

사회적 능력의 향상

인간이 사회적 환경에 적응하며 살아가기 위해서는 사회적 능력이 필수적임은 아무리 강조해도 지나치지 않을 것이다(손복영, 2015; 정재은, 이종향, 2012). 앞서 우리는 유아의 사회적 능력은 문제행동을 예방하고 유아의 안정적인 적응과 학업, 그리고 사회적으로 성공하기 위한 기본 요인(김성현, 지성애, 2015)임을 살펴보았고 사회적 능력은 한 가지 영역이 아닌 자기조절, 공감, 의사소통 등 다양한 영역에서의 조화로운 발달과 함께 발달됨도 알 수 있었다. 사회적 능력은 사회성 발달을 위한 환경과 다양한 사람과 다양한 상호작용 속에서 관계 형성과 유지의 반복에 의해 발달되어 간다(이영애, 2018). 그러나 현대를 살아가는 유아들은 급변하는 사회환경, 저출산 시대에 따른 핵가족화, 개인 중심 가치관 등으로 형제자매, 조부모, 사촌 등 가족과 상호작용할 기회가 현저하게 줄어들었을 뿐만 아니라 또래와 어울려 상호작용할 기회도 과거에 비해 급격히 줄어들고 있어 사회적 능력을 키워갈 적절한 환경에 놓이지 못한 유아들도 많은 실정이다. 더욱이 개인의 가치와 개성이 우선시되는 현대 사회의 상황에서 유아가 타인과 관계를 이루며 무언가를 함께 하며 살아가는 환경에의 노출 또한 쉽지 않은 것이 현실이다.

그동안 현대 사회를 살아가는 아이들이 길러가야 할 기본 능력인 사회적 능력을 증진시키는 것과 관련된 연구들(김정원, 강숙현, 전선옥, 최윤정, 1999; 이영애, 2018; 진영미, 박향아, 2016)에서는 사회적 능력 증진을 위해 다양한 놀이, 정서 증진 활동, 자연체험, 토의나 이야기나누기, 협동 활동, 음률 또는 신체 활동 등을 활용하여 친사회적 행동, 자아존중감, 공감, 의사소통, 협동, 나눔과 배려, 사회적 문제 해결력 등의 사회적 능력 증진 교육 프로그램을 유치원 교육에 적용해 왔다. 그리고 문제행동을 보이는 유아들에 대해서는 치료적 접근에서 위에서 언급된 사회적 능력 형성과 증진을 위한 지도를 해왔다.

최근에는 사회적 능력이 유아의 다양한 행동적, 인지적, 정서적 적응 특성들에 의한 복합적이고 다면적인 개념(Merrell, 1999)인 점에 착안하여 사회적 능력 발달을 위해 예방적 차원에서 사회적 능력 함양을 위한 중요한 변인으로 주목하고 있었다. 유아의 문제행동의 발생 가능성을 줄이는 예방 차원에서 주목되는 변인은 바로 변화를 받아들이는 특별한 능력, 좌절과 시련을 극복하는 힘, 강한 자신감을 포함하는 회복탄력성이다(이하정, 탁정화, 2015; 박진희, 2016). 회복탄력성은 아이들이 시련을 극복하는 힘으로(Pleux, 2012), 인생의 역경을 극복할 잠재적인 힘이 되며(김주환, 2011) 도전적 상황이나 스트레스, 좌절과 역경을 딛고 일어서는 힘이 된다. 프랑스의 발달심리학 박사인 디디에 플뢰(Didier Pleux)는 경쟁사회에서 살아가는 아동들에게 어려움에 부딪칠 때 좌절을 극복하는 내면의 힘을 길러주는 것이 필요하다고 했다(이청, 문혁준, 2016). 이 내면의 힘을 우리는 회복탄력성이라 부른다. 회복탄력성은 1980년대부터 교육학과 심리학에 등장한 개념으로 스트레스와 어려움을 대처할 수 있는 힘뿐만 아니라 자신의 에너지를 비축하여 자기 주도적으로 삶을 살아갈 수 있는 능력을 일컫는다(최성애, 2014). 요즘 아동들은 경쟁사회, 성취주의에 의한 억압, 애착손상 등의 스트레스 환경에 노출되어 심각하게 부정적 영향을 받고 문제행동을 보이며 힘든 생활을 하는 경우가 많다(지성애, 이동엽, 2016). 따라서 다양한 스트레스 상황에서도 유아가 스스로 자신을 조절하며 부정적 정서를 줄이고 긍정적 정서를 높여 정서적 안정감과 행복한 삶을 살아가는 데 필수적인 마음의 힘인 회복탄력성을 키워가는 것이 그 어느 시기보다도 중요시되고 있다. 회복탄력성이 높은 사람들은 도전적 상황에서도 체력적, 감정적, 인지적으로 좀 더 빨리 회복되어 스트레스로 인해 자신의 신체와 마음, 그리고 관계가 망가지는 것을 예방한다(최성애, 2014). 특히, 유아기는 회복탄력성 형성의 결정적 시기이며(이연희, 정재은, 2012) 유아기 때 회복탄력성이 잘 형성될수록 유아들은 적절한 성장과정을 거쳐 사회에 자연스럽게 적응할 수 있다(박진희, 2016). 회복탄력성이 높은 사람의 특성은 자신의 삶을 스프링처럼 유연하고 탄력 있게 만들어 나갈 수 있고, 궁극적으로 어려운 역경과 스트레스 상황뿐 아니라 도전 상황에서도 보람되고 충만한 삶을 살아갈 수 있다고 한다(최성애, 2014; 박진희, 2016).

회복탄력성 관련 선행연구들은 회복탄력성의 중요성, 사회성, 행복감, 자아존중감, 문제행동 등의 다양한 요인과의 관련성을 살펴본 연구들이 있다. 이 연구들로는 아동의 행복감에 대한 여러 변인들의 영향력을 살펴본 연구(이청, 문혁준, 2016), 유능한 사회구성원으로 살아가는 데 필요한 적응능력인 자아존중감, 대인관계 또는 사회적 능력과 문제행동 그리고 회복탄력성에 대한 연구들(이경돈, 김양은, 박성경, 2019; 지성애, 이동엽, 2016; 우수경, 2007), 전래놀이 활동이 유아의 사회적 능력과 회복탄력성에 긍정적인 영향을 미친다는 연구들(김정겸, 신현숙, 2014; 박진희, 2016)이 있고 앞에서와 맥을 같이하는 결과들을 밝히고 있다. 사회적 능력이 높은 유아의 경우, 어떤 스트레스 상황에 놓이거나 실패를 경험하게 되었을 때 문제를 해결하고자 하는 의지도 높고 이를 극복하기 위해 필요한 자기조절도 가능하며 회복탄력성도 높을 것으로 예측된다(이하정, 탁정화, 2015). 유아의 사회적 능력과 의사소통 능력, 자기조절력과의 관계를 분석한 손복영(2015)의 연구에서도 유아의 자기조절력이 높을수록 사회적 능력과 의사소통 능력이 높아졌다는 결과를 제시하며 맥을 같이한다. 이상의 연구들 외에도 어머니의 양육태도와 유아의 자기조절력과 사회적 능력과의 관계를 살펴본 연구(김영옥, 홍지명, 김세루, 김권일, 2008), 교사가 지각한 유아의 기질과 유아의 자기조절력 및 사회적 능력과의 관계를 살펴본 연구(유경숙, 2015; 최미숙, 김미숙, 2005)들 전반에서는 유아의 삶, 관계, 사회적 능력, 의사소통, 회복탄력성 등이 유기적으로 연계를 이루어 유아의 삶에 중요한 영향을 미침을 결과로 제시하고 있다.

우리는 스트레스 상황에 처했을 때 이를 잘 극복해 내게 되면 행복감을 더 크게 느낄 수 있게 된다고 한다. 반면에 낮은 회복탄력성으로 사회적 문제해결능력이 부족하면 또래에게 수용되지 못하는 등 부적응 행동이 나타나 성인기 초기까지 지속되고 불행을 느끼게 된다고 한다. 따라서 급변하는 사회의 다양한 스트레스 환경에서 유아들이 좌절감과 실패감 속에서 실망하고 위축되지 않고 긍정적인 정서로 극복해 나갈 수 있는 내적인 힘을 길러내는 것은 매우 중요한 일이다. 이상을 종합해보면, 유아가 건강한 사회 속 인재로 성장해가기 위해 필수적인 사회적 능력, 그리고 마음의 힘인 회복탄력성이 서로 밀접한 관련이 있다는 점을 중요하게 고려하여 유아의 사회적 능력 발달을 위한 교육을 계획하고 실천해가야 할 것이다.

미래사회의 생존능력

최근 긍정심리학 분야의 연구가 활발히 이루어지고 있다. 인간의 삶에서 가장 가치 있는 것은 무엇인가, 좋은 삶은 어떤 삶인가, 어떻게 해야 가능한가를 연구하는 과학적 학문 분야가 긍정심리학이다(권석만, 2008; Peterson, 2010). 1998년 당시 미국 심리학회장을 맡았던 셀리그만(Seligman)은 전통적 심리학이 정신장애나 부적응 등의 심리적 병리 현상의 이해, 처치, 예방에만 치중해 온 점을 지적하고 심리학에서 인간이 추구하는 행복한 삶에 대한 연구가 필요함을 강력히 주장하며 긍정심리학을 출범시켰다(권석만, 2008). 긍정심리학은 주관적인 긍정적 경험(예: 행복, 기쁨, 만족, 충만함 등), 개인의 긍정적 특성(예: 성격강점, 재능, 관심사, 가치 등), 그리고 긍정적 경험과 긍정적 특성을 가능하게 하는 기관(예: 가족, 학교, 사업, 조식, 사회 등) 등을 주제로 연구하는 분야이다(Seligman, 2004; 홍용희, 나영이, 장현진, 김혜전, 전우용, 2013에서 재인용).

2000년대 이후 활발해진 긍정심리학 관련 연구들은 인간의 삶, 좋은 삶에 대해 끊임없이 연구하고 있으며 이와 관련하여 지속적으로 많은 탐구와 논의가 이루어진 키워드는 바로 '행복'이라고 할 수 있다(김주리, 2014). 어떤 사람이 좋은 삶을 사는가? 어떤 사람이 행복한가?에 대한 고민은 고대 철학자 소크라테스, 플라톤, 아리스토텔레스에서부터 인류의 역사 속에서 늘 함께 해 왔다(강혜진, 이민아, 2019). 행복이란 삶 전반에 있어 시련이나 어려움을 유연하게 극복해가며 개개인이 느끼는 주관적 안녕감이 지속된 만족감을 느끼는 상태이다(이경선, 2017; 최성열, 2016). 사전에서는 행복을 심신의 욕구가 충족되어 조금도 부족함이 없는 상태(민중 에센스 국어사전, 1987) 또는 생활에서 충분한 만족과 기쁨을 느끼는 흐뭇한 상태, 욕구가 만족되어 부족감이나 불안감을 느끼지 않고 안심해하는 심리적 상태(네이버 국어사전)로 정의하고 있다. 행복은 '주관적 안녕', '심리적 안녕',

'주관적 행복', '삶의 만족도' 혹은 '삶의 질' 등과 혼용되며 모든 이가 꿈꾸는 최상의 삶의 상태를 의미한다(홍용희, 나영이, 장현진, 김혜진, 전우용, 2013; 최성열, 2016).

2012년 이후 유아교육에서도 유아의 '행복'을 주제로 한 연구가 급증하고 있다(신지혜, 최혜순, 2014; 이경선, 2017). 능동적인 자아를 가진 유아가 유아교육기관에서 행복감과 즐거움을 느끼면서 생활하는 것은 행복한 성인으로 성장해 가는 데 중요한 과정이다(이경민, 2009). 행복한 유아기를 보내는 유아는 일상의 경험을 통해 신뢰, 자율성, 자존감, 창의력, 긍정적 인간관계와 사회적 유능성 등을 갖게 되며 정서적으로 안정되고 높은 학업성취와 질 높은 사회적 관계를 맺을 수 있게 되기에 유아기의 행복은 삶의 전반에 지속적으로 영향을 미치는 중요한 요인이다(박주은; 2016; 이주의, 정진숙, 2014).

2차 세계 대전 후 세계 경제 재건을 위해 국제기구 OECD가 발족되었다. OECD 발족 이후 세계 회원국들의 경제적 회복은 급속도로 이루어졌으나 마음의 병, 자살 등의 사회문제가 더 심각해지는 현상이 나타났다. 그러자 OECD에서는 행복지수 평가도구를 만들고 측정하며 인간의 행복을 위한 방법을 모색하고 여러 노력들을 실천해오고 있다(강혜진, 이민아, 2019). 대표적으로 선진국에서는 행복지표를 만들어 국민들이 더욱 잘 사는 나라를 만들기 위한 정책 마련을 위해 애쓰고 있으며 UN은 세계 행복 보고서를 발간하며 전 세계 많은 국가들의 행복 수준을 비교하여 행복에 영향을 미치는 상황과 행복 지향 정책 마련의 근거로 활용하는 등 사회적인 관심과 방안을 모색하였다(강혜진, 이민아, 2019). 우리 정부에서도 행복에 대한 중요성을 인식하고 삶의 질을 고려한 '국민행복지수'를 경제지표의 한 영역으로 포함시키며(이은주, 2010) 행복을 정책에 반영하고자 하는 노력을 해 왔고 교육부에서도 2013년 '꿈과 끼를 키우는 행복교육'을 업무 계획으로 수립한 이후 '행복교육'이 교육계의 주요 쟁점으로 강조되고 있다(홍용희 외, 2013).

> 사회적 능력이 높은 사람들, 흔히 친사회적 성향을 가진 사람들은 다른 사람과 쉽게 관계를 맺고 너그러운 이해와 협동적인 태도로 관계 잘 유지한다. 이러한 사람들은 행복하다!!

인간의 행복에 영향을 미치는 요인들은 개인의 사회 · 경제적 요인, 건강, 인간관계 등 개인 환경 관련 요인, 그리고 개인이 몸담고 있는 사회의 질 관련 요인, 공공서비스 등으로 다양하다(강영하, 2012; Peterson, 2006). 행복 관련 선행 연구들(김주리, 김남희, 2014; 박주은, 2016; 김선숙, 2016)에서는 행복에 영향을 미치는 요인으로 개인의 외적 환경 요인, 부모 특성, 학교생활적응이나 학교생활만족도, 학업성취도, 교사와의 관계, 또래와의 관계 등을 대표적으로 다루어 왔다(김선숙, 2016). 또 개인의 심리적 측면과 관련하여 낙관성, 자존감, 통제감, 외향성, 긍정적 인간관계 및 인생의 목적 의식 등도 영향 요인으로 주목되어 왔다(권석만, 2008).

814명에 이르는 성인 남녀의 삶을 70여 년간 추적 조사하고 그 결과를 정리한 세계 최장기 성인발달연구 보고서에서는 '좋은 삶, 행복한 삶이란 무엇인가?'에 대해 시사하는 바가 있다(조지 베일런트, 2009). 하버드대학교의 조지 베일런트(George Vaillant) 교수가 이끈 성인발달연구팀은 연구 시작 당시 십대이며 정신적 · 신체적으로 다른 양상의 사람들로 3개 집단 총 814명을 연구 대상을 선정하고 그들의 삶을 전 생애에 걸쳐 추적하며 '인간이 나이 들어간다는 것'에 대해 연구하고 그 결과를 보고하였다. 베일런트 교수는 이 연구 보고서에서 "47세 무렵까지 형성한 인간관계가 이후 생애를 결정하는 가장 중요한 변수였다. 인생에서 가장 중요한 것은 지적인 뛰어남이나 계급이 아니라 바로 사회적 인간관계이다."(조지 베일런트, 2009)라고 밝히며 '행복은 결국 사랑'에 있다는 점을 시사하였다. 이범웅(2016)도 행복과 불행의 상당 부분은 인간관계에서 비롯됨을 강조하며 조지 베일런트 교수의 주장을 뒷받침하였다.

유아를 대상으로 한 행복 관련 선행 연구들에서는 대체로 유아들은 가족과의 관계적 요인을 행복에 있어 중요한 요인으로 생각하는 것으로 나타났음을 밝히고 있다(최성열, 2016). 홍용희, 나영이, 장현진, 김혜전, 전우용(2013)이 2012~2013년 유치원과 어린이집에 재원 중인 만 3, 4, 5세 유아 274명을 대상으로 행복의 개념에 대한 인식을 알아본 연구 결과에서 유아들은 행복을 물질적 풍요, 좋은 기분, 사랑하는 사람들과의 친밀한 관계, 일상에서 느끼는 보람으로 인식하고 있었다. 유아들은 특히 사람들과의 상호 호혜적이고 의미 있는 관계 속에서 더욱 행복을 느끼고 있었고 행복을 함께 경험했던 인물들로는 가족, 친척, 친구, 자연 등 다양했으며 그 중에서 부모 특히 엄마가 가장 많은 빈도를 나타냈다고 보고하였다. 이러한 결과는 홀더와 콜맨(Holder & Coleman, 2009)이 유아의 행복은 가족과 친구와의 긍정적인 사회적 관계를 통해 증진될 수 있음을 밝힌 앞선 연구와 모두 맥을 같이한다.

유아 행복에 영향을 미치는 요인을 개인적 변인, 사회적 변인(대인관계변인), 기타 변인으로 구분하여 살펴본 연구들이 대부분이다. 그 중 사회적 변인(대인관계변인)의 하위 범주내용으로는 부모의 지지를 포함한 가정환경, 유아교육기관 교사, 또래와의 관계와 관련된 범주들이 포함되어 있다. 또 행복에 대한 유아의 인식을 살펴본 연구(강영욱, 2009; 김성숙, 2013; 황해익, 김미진, 탁정화, 2013)와 유아 행복 관련 또 다른 연구들에서는 유아가 교사와의 긍정적 관계 및 정서 경험을 통해 행복감을 느끼며 또래와의 긍정적인 상호작용도 유아를 행복하게 하는 주요 요인임을 강조한다(박윤, 양진희, 2012; 하선아, 진미경, 2014; 신지혜, 최혜순, 2014). 즉, 유아는 또래, 부모, 교사 등 가까운 사람들과 관계성 속에서 행복감을 느끼게 된다는 결과가 대부분인 것이다(이경선, 2017; 이지영, 장원호, 김민진, 2018).

이상의 결과들은 좋은 삶, 그리고 행복에 대해 논할 때 인간을 둘러싼 사회적 환경에 대한 논의가 필수적임을 시사한다(조송림, 2013). 유아의 경우도 주변 사람들과의 상호작용 속에 있을 때 자연스럽게 행복감을 느끼고, 이런 사회적 관계 속에서 자신감을 형성하고 살아갈 동기를 갖게 된다는 점을 파악할 수 있다. 인간이 기본 생활을 영위하고 자신의 타고난 가능성을 발휘하며 좋은 삶을 영위해가기 위해서는 공동체 안에서 구성원들과 효과적으로 상호작용하는 데 필요한 기술의 숙달과 규범, 규칙, 가치 등의 이해와 지식, 그리고 기술을 포함하는 사회적 능력이 필수적인 것이다.

사회적 능력은 자신이 속한 세계에 대한 이해 정도, 가족이나 지역사회 등 여러 사회집단의 일원으로서 관계를 맺고 소통하며 스스로의 역할을 충분히 수행해가는 정도, 그리고 생활 속에서 발생하는 각종 문제에 얼마나 유능하게 대처할 수 있는지 등에 의해 평가된다. 사회적 능력이 높은 유아는 다른 사람과의 관계에서 배려, 이해, 위로, 기분전환 등과 같은 적응적인 행동적 기술을 보여주며 다른 사람에게 자신의 분노, 슬픔, 짜증 등을 통제하고 자기 자신의 기분을 조절해가며 공격적 행동을 조절할 수 있다(우수경, 2007; 문장원, 정병종, 박상태, 2017). 유아가 가진 사회적 능력은 가족, 또래, 교사와 관계를 맺고 유지하며 효율적인 상호작용을 하는 데 영향을 미치며 지속적으로 삶에 결정적인 영향을 주는 중요한 요인이다(김정원, 강숙현, 전선옥, 최윤정, 1999). 즉, 인간의 성장과 삶의 질에 미치는 영향이 학업능력보다도 더 결정적인 영향을 미치는 매우 중요한 능력인 것이다(김진희, 백유순, 2013).

미래사회는 ABCDE의 초연결 사회라고 불리운다. 즉, 인공지능과 분석(Ai), 빅데이터(Big data), 클라우드 컴퓨팅(Cloud computing), 데이터(Data), 엣지 컴퓨팅(Edge computing)의 기술들이 초연결 융합 사회를 대표하는 핵심 키워드이다. 미래사회에서는 사람을 대신해 많은 정보가 AI에 저장되고 분석되어 기존에 사람이 했던 많은 일들을 대신하게 된다. 따라서 미래를 살아갈 유아는 단순히 정보를 암기하고 꺼내는 능력을 넘어 ABCDE의 기술을 잘 활용하여 타인과 함께 인간의 좋은 삶을 위해 필수적인 창조와 혁신을 이끌어가는 데 필수적인 사회적 기술이나 능력 형성을 그 어느 때보다 중요하게 인식하고 함양해 가야 한다.

즉, 사회적 능력은 유아가 자신이 가진 역량을 토대로 다른 사람과의 소통과 협업으로 미래의 창의융합사회에 적응하며 좋은 삶을 살아가기 위해 필수적인 생존능력인 것이다. 따라서 우리는 사회적 능력이 생존과 발달에 매우 중요한 요인임을 인식하고 유아의 사회적 능력 발달을 위해 체계적인 교육과 지도를 해 가기 위해 노력해야 한다.

닫는 글

> 사회성은 인간 발달의 종합 선물세트입니다.
> 사회성은 배운 만큼 그리고 그것을
> 인간관계 속에서 연습한 만큼 좋아집니다.
>
> 이영애(2018)

인간이 살아가는 데 중요한 자아존중감, 회복탄력성과 같은 긍정적 심리자원은 궁극적으로 사회적 능력과 밀접한 관련을 가지고 자신의 삶을 유아가 주도적으로 이끌어 가며 사회 속에서 어울려 살아가게 하기 때문에 유아기부터 중요하게 다루어 교육해 가야 한다(이청, 문혁준, 2016). 본 장에서 우리는 유아의 사회적 능력이 다양한 환경적 변인과 개인적 변인들에 의해 영향을 받으며 발달함을 살펴보았다. 사회적 능력에 영향을 미치는 환경적 특성 중 가장 대표적인 변인으로 유아의 사회적 관계가 시작되는 부모 관련 요인인 부모의 양육태도, 의사소통 유형, 언어통제 유형, 정서 표현성 등(손복영, 2015)이 중요함을 안다. 그리고 유아교육기관에서의 교사–유아 관계(심수영, 문혁준, 2014)도 유아의 사회적 능력에 영향을 주는 주요 요인임은 더 강조해도 지나치지 않을 듯하다.

인간은 태어나 부모와 일차적으로 신뢰로운 관계를 형성하고 걸음마 시기 이후부터는 또래와 상호작용을 통해 사회적 능력을 형성하고 교사와 주변 사람들에 의해 확장해 간다. 유아는 타인과의 접촉을 통해 다른 사람을 이해하고 수용하는 능력을 기른다. 유아는 출생과 동시에 사회적 상호작용을 통하여 사회적 목적을 달성하고 사회생활을 영위하는 데 필요한 사회적 능력을 발달시켜간다(유경숙, 2015). 유아의 사회적 능력 발달은 유아기뿐만 아니라 그 이후의 사회적 적응에 지속적인 영향을 미친다(Katz & McCellan, 1992; Hartup, 1991; 유경숙, 2015에서 재인용). 즉, 유아의 사회적 능력은 유아기 이후 사회심리적 적응을 예측할 수 있는 주요 개념이 되며 적절한 사회적 관계를 발전시키고 바람직한 사회적 결과를 획득하는 데 유용하고 필수적이다(Merrell, 1999; 유경숙, 2015). 따라서 사회적 능력은 건강하고 행복한 성장에 절대적 영향을 미치며 장차 미래사회를 이끌어 갈 융합인재로서 역할하기 위해 갖추어야 하는 중요한 역량이면서도 어려운 과제이다. 이에 유아교육에 몸담고 유아를 위한 교육을 계획하고 실행해가는 우리 모두는 유아가 나를 지키면서도 세상과 잘 어울리는 사회적 능력을 가진 성인으로 성장해 가도록 돕기 위해(이영애, 2018) 유아 개개인의 기질, 환경, 사회적 능력의 수준, 결핍 그리고 사회적 능력의 향상을 위한 제반 노력에 많은 관심과 노력을 기울여가야 할 것이다.

생각해 봅시다

1. 여러분에게 좋은 삶은 어떤 삶을 의미하나요? 행복은 삶의 목적인가요? 도구인가요?

2. 행복과 사회적 능력의 관련에 대해 이야기해 보세요.

3. 사회적 적응 그리고 사회적 관계 형성과 유지에 어려움을 가진 유아를 위한 교사의 역할은 무엇인지 이야기를 나누어 보세요.

한 번 더 읽어볼 만한 책

장대익(2017). **울트라 소셜**. 서울: 휴머니스트 출판그룹.

조지 베일런트(2010). **행복의 조건**. 서울: 프런티어.

참고문헌

강영욱 (2009). 유아의 행복감과 행복개념에 대한 인식. **한영논총, 13**, 451-477.

강영하 (2012). 행복 연구가 교육에 주는 시사점. **초등교육연구, 25**(2), 1-21.

강혜진, 이민아 (2019). 사회신뢰와 대인신뢰가 행복에 미치는 영향에 관한 연구- 삶의 질 매개효과 차이를 중심으로. **한국정책학회보, 28**(1), 329-360.

고유미 (2009). 부모의 의사소통유형과 유아의 자기조절능력 및 사회적 능력의 관계. 전북대학교 석사학위논문.

고인숙, 이정숙 (2008). 유아의 사회적 유능감 및 정서지능이 문제행동에 미치는 영향. **한국아동심리치료학회지, 3**(1), 93-111.

권석만 (2008). **긍정심리학: 행복의 과학적 탐구**. 서울: 학지사.

권지은, 정재은, 김성현 (2015). 유아의 문제행동 지도를 위한 놀이치료 현장 적용 사례연구: 유아의 정서 · 사회적 문제행동 중심으로. **한국교육문제연구, 33**(4), 329-352.

김경미, 김혜리, 정명숙, 양혜영, 구재선 (2008). 유치원 아동의 마음이론과 사회적 능력의 관계. **한국심리학회지: 발달, 21**(3), 21-39.

김동일, 이대식, 신종호 (2003). **학습장애아동의 이해와 교육**. 서울: 학지사.

김래희 (2016). 초등 사회과 프로젝트 수업이 아동의 사회적 능력에 미치는 영향: 4학년 '생생 경제 프로젝트' 중심으로. 경인교육대학교 교육전문대학원 석사학위논문.

김민아, 이재신 (2004). 어머니 특성 및 유아의 기질과 유아의 부적응 행동과의 관계에 대한 연구. **유아교육연구, 24**(5), 145-166.

김병만, 김미진 (2016). 유아교사의 사회적 상호작용능력과 행복감의 관계. **생태유아교육연구, 15**(4), 169-192.

김선숙 (2016). 아동의 행복과 우울에 영향을 미치는 요인- 생태체계적 관점의 적용. **학교사회복지, 34**, 91-108.

김선희, 김경연 (1999). 아동의 행동문제와 관련 변인간의 인과관계. **한국가정관리학회지, 17**(1), 155-166.

김성숙 (2013). 유아가 인식하는 행복의 의미 탐색. **유아교육연구, 33**(3), 377-400.

김성현, 지성애 (2015). 유아의 행동문제와 인지능력 및 자아존중감 간의 관계 분석.

유아교육연구, 34(3), 197-219.

김수미, 최진아 (2015). 어머니의 놀이성, 유아의 놀이성, 자기조절능력과 유아의 사회적 유능성간의 관계. **놀이치료연구, 19**(2), 39-54.

김연, 한태숙, 정인희, 박연경, 황혜정, 구현아 (2006). 유아의 문제 행동에 영향을 미치는 양육태도, 기질, 인지능력, 사회적 능력 간의 구조모형 분석. **열린유아교육연구, 11**(2), 229-250.

김영옥, 홍지명, 김세루, 김권일 (2008). 어머니의 양육태도와 유아의 자기조절능력 및 사회적 능력과의 관계. **열린유아교육연구, 13**(1), 205-228.

김정겸, 신현숙 (2014). 전래놀이 활동이 유아의 사회적 능력 및 회복탄력성에 미치는 효과. **한국산학기술학회논문지, 15**(1), 173-181.

김정원, 강숙현, 전선옥, 최윤정 (1999). **유아의 사회적 능력 기르기: 교사의 역할**. 서울: 창지사.

김주리, 김남희 (2014). 어머니의 행복감 및 양육행동과 유아의 행복감 간 관계. **한국생애학회, 4**(1), 19-32.

김주환 (2011). **회복탄력성: 시련을 행운으로 바꾸는 유쾌한 비밀**. 서울: (주)위즈덤하우스.

김진희, 백유순 (2013). **사회 · 정서발달 지원**. 서울: 학지사.

문장원, 정병종, 박상태 (2017). 정서 및 행동장애 학생의 사회적 능력에 대한 검토. **정서 · 행동장애연구, 33**(1), 241-256.

박윤, 양진희 (2012). 또래간 인기도에 따른 유아의 유치원 적응과 문제행동 및 행복감에 대한 어머니와 교사의 인식. **열린유아교육연구, 17**(6), 73-103.

박주은 (2016). 유아의 행복 결정 요인에 관한 기초연구: 유아행복의 개념, 관련 변인, 측정도구에 대한 문헌 고찰을 중심으로. **아동교육, 25**(3), 76-94.

박진희 (2016). 유아의 사회적 능력 및 행복감과 회복탄력성과의 관계. **열린부모교육연구, 8**(4), 89-106.

박화윤, 안라리 (2006). 유아의 성에 따른 정서인식 수준과 사회적 능력 및 또래수용 간의 관계. **유아교육연구, 26**(1), 276-292.

서은국 (2014). **행복의 기원**. 경기: 21세기북스.

손복영 (2015). 유아의 사회적 능력 및 의사소통 능력과 자기조절력과의 관계. **열린부모교육연구, 7**(1), 113-129.

신은미 (2001). 유아의 사회적 능력 개념에 관한 고찰. **경북논총, 5**, 329-345.

신지혜, 최혜순 (2014). 유아행복 관련 연구 동향 분석. **유아교육연구, 34**(1), 5-28.

심수영, 문혁준 (2014). 어머니의 언어통제유형, 교사-유아관계가 유아의 사회적 능력에 미치는 영향. **생애학회지, 4**(2), 61–74.

앤 덴스모어, 마거릿 바우만 (2011). **3~7세 아이를 위한 사회성 발달 보고서**. 서울: 지식너머.

양명재, 방희정 (2014). 유아의 수줍음, 인지능력, 어머니의 양육행동, 유아의 위축 및 불안 · 우울 간의 관계: 양육행동의 조절효과를 중심으로. **정서 · 행동장애연구, 30**(4), 363–386.

오경자, 김영아 (2009). **CBCL 1.5–5 유아 행동 평가척도 교사용**. 서울: 휴노컨설팅.

우수경 (2007). 유아의 성, 기질, 사회적 능력 및 자기 통제가 유아의 문제행동에 미치는 영향. **미래유아교육학회지, 14**(4), 427–450.

우현희, 김영희 (2016). 유아의 사회적 기술과 문제행동이 적응유연성에 미치는 영향. **생활과학연구논총, 20**(1), 45–60.

유경숙 (2015). 유아의 기질이 유아의 사회적 능력에 미치는 영향. **아동교육, 24**(4), 31–44.

이경돈, 김양은, 박성경 (2019). 만5세 유아의 회복탄력성이 대인관계기술에 미치는 영향: 문제대처능력의 매개효과를 중심으로. **한국영유아보육학, 118**, 147–167.

이경민 (2016). 포커스 집단 인터뷰를 통한 유아기 행복의 구성요인과 측정방법 탐색. **유아교육연구, 36**(1), 499–514.

이경선 (2017). 유아의 행복감에 영향을 미치는 관련 변인 연구. **미래유아교육학회지, 24**(1), 305–324.

이범웅 (2016). 행복증진과 도덕교육의 연계성 탐색. **한국초등도덕교육학회, 54**, 1–30.

이순자, 유수옥 (2012). 유아 문제행동에 대한 연구 동향 및 유아 문제행동 관련 변인 분석. **유아교육학논집, 16**(6), 127–156.

이연희, 정재은 (2012). 유아의 일상적 스트레스와 사회적 지지가 유아의 회복탄력성에 미치는 영향. **한국교육문제연구, 30**(4), 245–268.

이영석, 이은주 (2007). 유아의 사회적 유능감에 영향을 미치는 유아, 부모, 교사 관련 변인 탐색 연구. **미래유아교육학회지, 14**(1), 255–277.

이영애 (2018). **아이의 사회성**. 서울: 지식플러스.

이유진 (2016). 유아의 의사소통능력과 사회적 능력의 관계에 대한 자기조절력의 매개효과. **생애학회지, 6**(1), 57–71.

이은주 (2010). 유아 행복척도 개발연구: 유아교육기관을 중심으로. 성균관대학교 대학원 박사학위논문.

이주의, 정진숙 (2014). 유아의 행복연구 분석을 통한 긍정심리치료 방향 탐색: 국내 학술지를 중심으로. **한국놀이치료학회지, 17(2)**, 137-156.
이지영, 장원호, 김민진 (2018). 부모-유아 상호작용과 유아의 사회적 유능감 간의 관계: 부모의 우울과 유아의 행복감의 매개효과 검증. **교육연구논총, 39**(1), 225-277.
이찬숙, 현은자 (2008). 유아의 내재화 · 외현화 문제 행동에 영향을 미치는 유아 개인변인과 부모양육태도. **유아교육연구, 28**(3), 51-70.
이청, 문혁준 (2016). 아동의 회복탄력성, 부모와의 애착, 학교생활 적응이 행복감에 미치는 영향. **아동교육, 25**(4), 337-349.
이하정, 탁정화 (2015). 유아의 자아존중감과 행복감이 회복탄력성에 미치는 영향. **한국보육지원학회지, 11**(4), 39-61.
장대익 (2017). **울트라 소셜**. 서울: 휴머니스트 출판그룹.
정기헌 (2010). **고독의 심리학**. 서울: 뮤진트리.
정재은, 이종향 (2012). 유아의 자기조절력과 언어능력, 사회적 능력 간의 관계 분석, **한국교육문제연구, 30**(3), 185-203.
조선희, 강문숙 (2014). 행복에 대한 만4, 5세 유아의 인식연구. **대학사고개발학회, 10**(4), 143-162.
조송림 (2013). 유아의 기질과 놀이성이 유아의 사회적 능력에 미치는 영향. **한국초등교육, 30**(1), 191-204.
조지 베일런트 (2010). **행복의 조건**. 서울: 프런티어.
지성애, 김성현 (2013). 유아의 그리기 표상능력과 주의력 결핍 및 다중지능간의 관계 분석. **유아교육연구, 33**(5), 197-219.
지성애, 이동엽 (2016). 유아의 문제행동 관련 제반변인에 관한 연구: 유아의 사회성, 회복탄력성, 어머니의 양육스트레스를 중심으로. **유아교육학논집, 20**(5), 485-513.
진영미, 박향아 (2016). 집단 전통놀이 활동이 유아의 사회성 발달과 정서지능에 미치는 영향. **생태유아교육연구, 15**(1), 2015-242.
최미숙 (2011). 유아의 인지수준과 사회적 유능성이 대인문제해결력에 미치는 영향력. **유아교육연구, 31**(6), 5-23.
최미숙, 김미숙 (2005). 교사가 지각한 유아의 기질과가 유아의 자기조절능력 및 사회적 능력과의 관계. **한국영유아보육학, 42**(9), 209-228.
최성애 (2014). **회복탄력성**. 서울: 해냄출판사.
최성열 (2016). 유아 행복 관련 변인 연구동향. **경북논총, 25**(4), 369-378.
최수미, 김동일 (2010). 따돌림 관여유형에 따른 사회적 기술과 공격적 행동성향. **청**

소년 상담연구, 18(1), 59–72.

하선아, 진미경 (2014). 유아의 정서지능과 또래 유능성에 따른 행복감의 차이. **한국 놀이치료 학회지, 17**(1), 1–15.

허순영 (2004). 유아와 어머니의 기질 및 기질 부조화에 따른 양육방식과 유아의 문제행동. 충북대학교 교육대학원 석사학위논문.

홍용희, 나영이, 장현진, 김혜전, 전우용 (2013). **유아행복교육 탐구**. 경기: 창지사.

황해익, 김미진, 탁정화 (2013). 만5세 유아가 인식한 행복한 상황과 행복의 조건에 관한 연구. **생태유아교육연구, 12**(4), 93–122.

Achenbach, T. M., & Edelbrock, C. S. (1983). *Manual for the Child behavior Checklist and Revised ChildBehavior Profile*. Burlington, VT: Univ. of Vermont (김연, 한태숙, 정인희, 박연경, 황혜정, 구현아, 2006에서 재인용).

Beyer, T., Postert, C., Muller, J. M., & Furniss, T. (2012). Prognosis and continuity of child mental health problems from preschool to primary school: Results of a four-year longitudinal study. *Child Psychiatry & Human Development, 43*(4), 533–543.

Hartup, W. W. (1991). *Having friends, making friends and keeping friends: Relationship as educational context.* Early Report, Minneapolis, M. N.: Center for Early Education and Development. University of Minnesota.

Katz, L. G., & McClellan, D. (1992). The teacher's assessing the social development of young children, ERIC ED 346 988.

Liberman, M. D. (2013). *Social: Why our brains are wired to connect*. New York, NY:Crown.

Merrell, K. W. (1999). *Behavioral, social and emotional assessment of children and adolescents*. Mahwsh, N. J.: Erlbaum Associates.

Peterson, C. (2010). **크리스토퍼 피터슨의 긍정심리학 프라이머**. (문용린, 김인자, 백수현 역). 서울: 물푸레. (원서 2006년 출판).

Pleux, D. (2012). **아이의 회복탄력성.** (박주영 역). 서울: 글담.

Seligman, M. (2004). **긍정심리학(*Authentic happiness*)**. (곽명단 역). 서울: 물푸레. (원서 2002년 출판).

Wilson, E. O. (2012). *The social conquest of earth*. NY: Norton.

맺는 말

현재 우리 사회는 4차 산업혁명 시대로 접어들었으며, 인공지능, 빅데이터, 로봇, 사물인터넷 등이 대표하는 수많은 분야가 융합과 창의적 발견으로 우리 삶에 혁신을 불러일으킬 것으로 예상된다. 4차 산업혁명 시대를 살아갈 유아는 미래에 어떤 일을 선택하고 살아갈까? 우리는 유아의 어떤 자질과 능력을 중요시하며 성장과 발달을 도와주어야 할까? 4차 산업혁명 시대에는 지식과 정보에 대한 입력과 저장을 인공지능이 담당하게 된다. 그렇다면 미래를 이끌어 갈 인간이 갖추어야 할 역량은 무엇인가? 바로 개인이 가진 다양한 생각과 사고를 기초로 하여 다른 사람들과 소통과 협력적 상호작용을 해나가면서 자신의 삶을 창의적으로 변화시킬 수 있는 역량 즉, 사회적 능력을 키워야 한다고 전문가들은 강조한다.

본 서에서 살펴본 사회적 능력은 인지, 언어, 정서 영역의 지식과 기술, 행동들과 통합을 이루어 발달하는 복합적 능력이다. 사회적 능력은 유아가 가진 지식과 기술의 통합적 이해를 기반으로 환경과 효율적인 상호작용이 가능하게 한다. 유아는 나에 대한 이해를 바탕으로 다양한 상황 속에서 타인과 상호작용하고 환경에 적응해 나가며 삶을 완성해 나간다.

저자들은 미래사회에서 유아들이 각자가 가진 개성과 특성을 존중하며 사람과 더불어 살아가는 따뜻한 모습을 떠올려본다. 그리고 이 세상 모든 유아들이 안정적으로 사회적 능력을 발달시키고 사람 속에서 행복한 삶의 여정을 이어갈 수 있기를 기대한다. 다음에 유아들이 지은 동화 '친구의 마음을 읽어주는 나무(지은이: 광양제철유치원 나무반 아이들)'를 소개하면서 우리의 삶도 더욱 행복해지기를 소망하며 본 서를 마치고자 한다.

동화

〈친구의 마음을 읽어준 나무〉

1. 즐겁게 놀이하는 친구들이 많이 모여 있는 유치원이 있었습니다.

2. 친구들은 놀잇감을 서로 잘 나누고 있었어요. 항상 웃음소리가 가득했죠.

3. 그런데 나무라는 친구는 혼자 놀이를 하고 있었어요. 주변 친구들과 이야기를 나누지도 않고 혼자 놀이를 했어요.

4. 그때 열매라는 친구가 나무 옆으로 갔어요. "나무야~ 이거 볼래?"

5. "이거 보물이야." 하며 열매는 소중한 보물이라며 돌을 나무에게 건넸어요.

6. "저리가! 이게 어떻게 보물이야?"라며 나무는 열매가 가져온 돌을 바닥에 던져버렸어요. 깜짝 놀란 열매는 눈물이 날 정도로 속상했답니다

7. 친구들이 지켜보고 있다가 이야기했어요. "나무야~ 열매 얼굴 좀 봐. 열매가 너무 속상해해." "나무야~ 열매는 소중한 보물을 너랑 같이 나누고 싶어서 그랬대."

8. 그 말을 듣고 나무는 생각했습니다. '혼자 놀이를 하는 것은 재미없어. 어떻게 하면 친구들과 놀이할 수 있을까? 나도 같이 놀고 싶은데...'라는 생각을 하며 스르르 잠이 들었습니다.

9. 그때 꿈속에서 밝게 웃는 할머니가 나타나셨습니다. 나무는 할머니에게 도움을 청했습니다. "나무야, 열매에게 이렇게 말해보렴. 와~ 이건 정말 멋진 돌이구나. 소중한 돌을 내게 보여줘서 고마워. 정말 매끈매끈하네~ 라고 열매의 마음을 읽어 주면 좋을 것 같은데!"

10. 나무는 잠에서 깨어나 한참을 생각했습니다. '정말 그렇게 하면 친구들 많이 생길까?' 용기내어 "아까 준 돌 내가 만져봐도 돼? 나도 궁금해 그 돌이, 열매야."

11. 열매는 그 말을 듣고 씨익 웃으며 소중한 돌을 나무에게 건네주었습니다. 그 날 이후로 나무는 더 이상 혼자 놀이를 하지 않게 되었습니다.

찾아보기

ㄷ

ㅁ

ㅂ

ㅅ

ㅇ

ㅈ

저자 약력

이 현 경

전남대학교 대학원에서 유아교육 전공으로 교육학 석사, 교육학 박사학위를 받았다. 현재 목포가톨릭대학교 유아교육과 교수로 재직하고 있으며 교수학습지원센터장을 맡고 있다. 그동안 한국유아교육학회 편집위원, 한국유아교육학회 광주전남지회 운영위원으로 학회 운영에 참여해왔다. 관심 분야는 유아의 긍정적 자아개념에 기초한 사회성 발달, 인성교육이며 저서로는 『영유아 인성교육 프로그램: 마음씨앗 가꾸기』, 『유치원 교직실무』가 있다. 최근에는 '메타인지', '그림책', '융합', '사회적 능력' 등에 관심을 갖고 연구를 진행 중에 있다.

김 우 영

부산대학교에서 유아교육 전공으로 학사학위, 전남대학교 대학원에서 교육학 석사 및 박사학위를 받았다. 전라남도 보육정책위원 및 순천교육지원청 유치원평가위원, 한국유아교육학회 광주전남지회 이사, 삼성어린이집 인성교육프로그램 개발 등에 참여하였다. 주요저서는 『유아사회교육: 사회적 능력과 기술 지원하기(공저)』이며 최근 관심 있는 분야는 '사회적 기술'과 '교수학습방법', '교사' 등이다. 현재 청암대학교 유아교육과 조교수로 재직 중이다.

홍 지 명

전남대학교 대학원에서 유아교육 전공으로 교육학 석사, 교육학 박사학위를 받았다. 현재 세한대학교 조교수로 재직 중이며, 그동안 전라남도교육청 유치원 누리과정 컨설팅요원, 한국지역사회교육문화연구소 자문교수, 한국유아교육학회 광주전남지회 학술부 이사 및 운영위원 등으로 참여해왔다. 관심 분야는 유아의 사회성, 인성교육, 환경교육 등이며 저서로는 『영유아교과교재연구 및 지도법』, 『보육실습』, 『인간과 교육』 등이 있다. 최근에는 '행복감', '유아의 사회성', '예비유아교사', '교수학습방법', '놀이' 등에 관심을 갖고 연구를 진행 중에 있다.

조 홍 자

전남대학교 자연과학대학 생명과학부와 동대학교 사범대학에서 과학교육을 수학하였으며, 동대학원에서 유아교육학 석사 및 박사학위를 받았다. 전남대학교 BK21 다문화사회에 적합한 영유아교육인력양성 연구팀 연구원, 한국유아교육학회 광주전남지회 이사로 활동하였으며, 국립광주과학관과 삼성꿈장학재단 창의과학교실에서 현장강사, 보건복지부와 대한적십자사에서 아동안전사고 예방교육 강사로 참여해 왔다. 주요 관심분야는 유아의 과학 관련 능력이며, 최근 관심분야는 과학적 능력과 사회적 능력 간의 관계 조명 등이다. 현재 전남대학교 유아교육과 강사로 재직 중이다.

미래사회의 핵심역량 **유아의 사회적 능력**

1판 1쇄 인쇄 2020년 6월 25일
1판 1쇄 발행 2020년 6월 30일

지 은 이 | 이현경 김우영 홍지명 조홍자
기 획 | 한국유아교육학회
발 행 인 | 박철용
발 행 처 | 양서원
주 소 | 경기도 파주시 직지길 522 파주출판도시
전 화 | 031-955-8000(代)
팩 스 | 031-955-8005
홈페이지 | www.yswpub.co.kr
이 메 일 | yswgroup@naver.com
출판등록 | 1987년 11월 24일 제406-2003-037호

ISBN 978-89-994-1004-8

정가 15,000원